AF458607

L'ASSOCIATION

DES

ÉTUDIANTS EN DROIT

DE RENNES

Avant 1790

PAR

L. DE LA SICOTIÈRE

NANTES

VINCENT FOREST ET ÉMILE GRIMAUD

IMPRIMEURS DE LA SOCIÉTÉ DES BIBLIOPHILES BRETONS

—

1883

L'ASSOCIATION

DES ÉTUDIANTS EN DROIT

DE RENNES

AVANT 1790

L'ASSOCIATION DES ÉTUDIANTS EN DROIT DE RENNES AVANT 1790

I

Au mois de novembre 1879, on vendit aux enchères publiques, à Sées (Orne), le mobilier d'une des petites-filles de Plet de Beauprey, ancien membre de la Convention Nationale, mort en 1821 et fort oublié aujourd'hui, même dans sa ville natale. Dans cette vente, se trouvaient compris une masse considérable de paperasses sans aucune valeur, quelques journaux ou documents de l'époque révolutionnaire et même certaines pièces se rattachant aux fonctions qu'avait remplies Plet de Beauprey. Le tout fut adjugé par tas et au poids.

Je n'avais pas été prévenu. M. l'abbé Rombault, directeur au Petit-Séminaire de Sées, ayant visité, avant la vente, les papiers en question, avait pu mettre de côté et se fit adjuger ce qui lui avait paru le plus digne d'être conservé. Le reste s'éparpilla aux mains des fripiers de Sées et des environs.

A quelques jours de là, je trouvais chez un marchand de curiosités d'Alençon, qui avait assisté à l'adjudication, avec quelques journaux et brochures en provenant, plusieurs feuillets du Registre des Délibérations d'une Association qui s'était établie entre les Étudiants en Droit de la Faculté de Rennes, dans la seconde moitié du siècle dernier. Ils piquèrent assez vivement ma curiosité pour que je priasse un de mes amis de Sées de faire rafle, chez les fripiers de sa ville, de tous les vieux papiers, sans distinction, qu'ils avaient pu acheter à cette vente. Il le fit avec bonne grâce et empressement, et dans l'énorme *pochée* de papiers de toute sorte qu'il m'envoya, j'eus la fortune de trouver 60 pages environ du précieux Registre. Quelques autres feuillets avaient été glanés chez un fripier d'Alençon, par M. Cochon, sous-inspecteur des forêts, qui voulut bien s'en dessaisir en ma faveur. M. Rombault n'en avait pas dans son lot. Je dois croire, d'après les renseignements que j'ai pris, que tout ce qui restait de ce Registre est aujourd'hui en ma possession.

Le classement des pages a été facile ; elles sont chiffrées au recto ; malheureusement, elles offrent de nombreuses lacunes. Elles ont été arrachées d'un registre en papier, relié à tranches rouges, grand in-4°, dont on aura voulu sans doute utiliser la couverture, et dont on aura ensuite sacrifié au hasard et successivement le contenu.

Il y en a 49 (soit 98 avec le verso) dont une à moitié déchirée.

En voici l'état, avec l'indication des périodes qu'elles embrassent :

1° Délibérations du 23 décembre 1772 (p. 3 r°) ;

2° Délibérations du 20 mai 1775 (comprenant le Rapport de Toullier sur les événements antérieurs, à partir du 23 décembre 1772) au 26 mai 1775 (p. 3 v° — 9 v°) ;

3° Délibérations du 21 juillet 1775 au 30 juillet 1776 (p. 11 r° — 20 v°) ;

4° Délibérations du 30 août 1782 au 6 juin 1783 (p. 63 r° — 68 v°) ;

5° Délibérations du 19 août 1784 au 16 octobre 1784 (p. 80 r° et v°) ;

6° Délibérations du 19 novembre 1784 au 6 avril 1785 (p. 82 r° — 83 v°) ;

7° Délibérations du 6 août 1785 au 22 mars 1787 (p. 88 r° — 98 v°) ;

8° Fragment de la délibération du 28 décembre 1788 (p. 111 r° et v°) ;

9° Délibérations du 1er au 2 février 1789 (p. 123 r° — 128 v°) ;

10° Délibérations du 4 au 27 février 1789 (p. 143 r° — 147 v°).

L'ensemble de ces délibérations comprend donc :

Fin de l'année 1772 ;
Années 1773 et suivantes, jusqu'au 30 juillet 1776;
Du 30 août 1782 au 6 juin 1783 ;
Du 19 août 1784 au 22 mars 1787 ;
Fin de 1788 ;
Partie de février 1789.

Examinées avec attention, elles nous avaient paru dignes d'intérêt. La *Société des Bibliophiles Bretons*, dans sa séance publique tenue à Redon le 6 septembre 1881, a partagé ce sentiment et nous a encouragé à les publier.

Grâce à la parfaite obligeance de M. le conseiller Saulnier, qui a bien voulu rechercher aux Archives de l'ancien Parlement de Rennes tous les documents qui intéressaient notre travail, aux autres communications qu'il nous a si libéralement faites, à ses judicieuses observations, nous avons pu le compléter en beaucoup de points.

Ces pages nous révèlent le fonctionnement intérieur d'une Association qui joua son rôle dans l'histoire de la magistrature, à raison de la solidarité qui l'unit au Parlement de Bretagne dans sa lutte avec le Pouvoir politique, et aussi dans l'histoire des mouvements qui présagèrent et préparèrent la Révolution française.

Cette Association emprunte en outre un véritable intérêt aux noms, quelques-uns illustres, de ceux qui la dirigèrent.

Notre Registre s'ouvre sur le nom de Toullier ; il se ferme sur celui de Moreau, tous deux Prévôts de l'Association, signataires et rédacteurs de ses délibérations.

Parmi les autres noms, bretons pour la plupart [1], il en est un grand nombre qui rappellent des souvenirs judiciaires, militaires, littéraires, et surtout parlementaires ; les uns personnels aux signataires, les autres se rattachant à leurs familles [2].

Ce sont donc des feuillets d'histoire et de biographie bretonnes qui sont sous nos yeux, feuillets entièrement inédits et qu'aucune publication, de nous connue, n'a devancés.

Nous en reproduirons le texte toutes les fois que la chose en vaudra la peine.

Mais nous les encadrerons dans un récit qui permette d'en saisir la portée véritable et l'enchaînement.

[1] Il a été remarqué que chaque Faculté de province recevait à peu près tous les élèves de sa circonscription ; très peu se faisaient inscrire aux Facultés voisines, ce qui s'explique aisément par la difficulté des communications, et aussi par la diversité des législations coutumières, chacun ayant intérêt à étudier spécialement celle du ressort où il comptait se fixer.

[2] Citons dans le nombre, un peu au hasard, les noms suivants : Boullé, Legal, Lenormand de Launay, Huon, Tréhu, Nugent, Armez, Thibaudeau, Glain, Dureau, Duclos, Richelot, Gaultier, Guyomar, Lohéac, du Châtellier, Ollivier, Gilbert Dudemaine, Borie, Soueff de Montalembert, Le Breton, Gautier, Luette de la Pilorgerie, Couannier, Ernoul de la Chenelière, du Bignon, du Bois, Loncle, de la Tousche, Charil de Ruillé, Mahé, Perras, Pocquet, Hévin, Chevalier, Legraverend, Delamarre, Leconte, Rupérou, Vrignaud, de Leissègues, Royou, Guillier du Marnay, Kéranflech, Turquety, Kersalaun, Bernard, Febvrier, Leguay, Eon, Guiton, Vatar, de Fermon, Boulay du Paty, Sotin de la Coindière, Corbière, Lehir, Guiot, Dorvo, Beschu du Moulinroüil, Genty, Derrien, Couppé, Le Bihan, Tresvaux, de Champrepus, Ozou des Verries, Le Gorrec, Chansy le Menu, Leflo, Trochu, Letournoux de la Villegeorges, Robinet, Goudelin, Guépin, Piou, Ballisson, Beslay, Le Corre, de Villeneuve, Maillant, Miorcec de Kerdanet, Bidard, Harembert, de Tilly, etc.

Avant de les transcrire, une dernière question se présente, concernant, celle-là, non pas l'histoire en général, mais celle du manuscrit lui-même.

« Comment, » nous demandions-nous en racontant les circonstances de notre découverte [1], « comment une pareille épave était-elle venue échouer dans la succession de Plet de Beauprey ? Il n'avait point été étudiant à l'Ecole de Rennes. Son nom ne figure nulle part sur ce Registre, qui se transmettait scrupuleusement de greffier en greffier de l'Association. Le dernier greffier extraordinaire, Raoul, ne nous rappelle point un personnage normand.

« Peut-être avait-il été laissé dans l'auberge du *Cheval Blanc*, tenue, à Sées, par Mme Plet de Beauprey, la mère.

« Mais par qui ? Pourquoi ? Dans quelles circonstances ? Par un proscrit ? un malade ? un mourant ?....

« On aimerait assez à y voir la trace du passage de quelqu'un de ces Fédérés bretons qui vinrent, aux jours de la Terreur, former le principal et le meilleur noyau des troupes Girondines, réunies à Caen sous le titre pompeux d' « Armée des Côtes de Cherbourg, et Forces « armées départementales du NORD et de L'OUEST de la « République Française une et indivisible » (juillet 1793) : — braves gens dont la discipline et la fermeté firent quelque peu honte, il faut bien l'avouer, à mes concitoyens normands.

« Les Fédérés bretons arrivèrent, il est vrai, à Caen, par Fougères et Vire, croyons-nous, mais Sées était sur

[1] J'ai donné le catalogue à peu près complet des documents imprimés ou manuscrits provenant de la vente faite à Sées, sous ce titre : *Les Papiers de la succession Plet de Beauprey ; Lettre à M. de Robillard de Beaurepaire, secrétaire de la Société des Antiquaires de Normandie*, dans le *Bulletin* de cette Société, 1880 ; (tirage à part. Caen, Le Blanc-Hardel, 1880, in-8° de 15 p.) ; mais sans entrer dans aucun détail sur le contenu du Registre.

une autre route de Bretagne à Caen, par Alençon, et à la rigueur un retardataire aurait pu la prendre.

« Mais cette conjecture qui ferait assez bonne figure, ce semble, dans un roman historique, ne peut trouver place dans l'histoire avec une autorité suffisante.

« Je livre donc le problème *aux Saumaises futurs*, sans espérer beaucoup que le hasard, cette providence des chercheurs, leur en fournisse jamais la solution. »

Mon incertitude est encore la même.

II

C'est en 1736 que les deux Facultés de droit de l'Université de Nantes furent transférées à Rennes (Déclaration du Roi du 1er octobre 1735).

Cette mesure fut déterminée par des causes diverses et sur lesquelles on n'est pas entièrement d'accord.

On a cru que le Gouvernement aurait voulu punir la ville de Nantes des sentiments d'indépendance que le Corps de Ville et les habitants avaient montrés en nombre de circonstances et que le supplice cruel des quatre gentilshommes bretons, dupes et victimes plutôt encore que complices de la conspiration de Cellamare (1720), n'avait pas suffisamment comprimés. La revendication des anciens privilèges de la Province, garantis par les contrats de mariage d'Anne de Bretagne avec Charles VIII et Louis XII, et le droit de voter librement certains impôts étaient le fond d'une résistance qui trouvait moyen de se manifester sur une foule de points divers, et à laquelle les Étudiants s'associaient déjà avec l'ardeur de leurs têtes jeunes et bretonnes.

D'autres ont accusé l'indifférence de l'Intendant de la Province, Pontcarré de Viarmes, pour les intérêts de la ville de Nantes [1].

Il est plus probable que le Gouvernement et d'Aguesseau, alors Chancelier, cédèrent surtout au désir légitime de réunir dans la même ville l'enseignement théorique du droit et la Cour souveraine de la Province. Le Parlement demandait cette réunion avec insistance. Il y voyait en effet l'intérêt général de la Bretagne, et pour ses membres en particulier, l'avantage de pouvoir mieux surveiller l'éducation de ceux de leurs fils qui se destinaient aux charges de justice [2].

[1] MELLINET, *la Commune et la Milice de Nantes*, t. IX, p. 112.

I

[2] *Du lundy 14 novembre 1735, Chambres assemblées ;*
Messire Anthoine Arnauld de la Briffe, Premier Président.

....

« Ce jour, Maistre Armand-Charles Robin d'Estréans, doyen de la Cour, a remercié au nom d'Icelle messire Anthoine Arnauld de la Briffe d'Amilly, premier président, du soin qu'il a pris pendant son séjour à Paris des affaires de la Compagnie, nottamment pour obtenir du Roy la translation à Rennes de la Faculté de droit de l'Université de Nantes, toutes lesquelles affaires, il a su conduire à une heureuse fin ; a esté arresté que ledit doyen de la Cour écrira à M. le Chancelier de la part de la Compagnie pour le remercier pareillement d'avoir appuyé de son autorité la demande de ladite translation. »

Registres secrets, vol. 355.
(Archiv. de la Cour d'appel.)

II

Lettre du Doyen de la Cour au Chancelier.

« Monseigneur,

« L'intérêt de la Bretagne demandait que la Faculté de droit fût détachée

Toujours est-il que, dans ces conditions et sur ce terrain, les Étudiants en droit devaient se laisser gagner facilement à l'esprit du Parlement, non moins réfractaire sur beaucoup de points aux volontés

de l'Université de Nantes pour estre transférée à Rennes; mais les vœux du Parlement et de la Province auraient eu peu de succès s'ils n'avaient été appuyés de votre protection. C'est, Monseigneur, au zèle qui vous est si naturel pour le bien public que nous sommes redevables de cette translation. Si les sentiments de reconnoissance peuvent tenir lieu de mérite, nulle Compagnie dans le royaume, Monseigneur, n'est plus digne que la nôtre des grâces que vous voulez bien luy accorder : c'est par ses ordres que j'ai l'honneur de vous offrir ses très humbles remerciements : et en mon particulier, j'ai l'honneur d'être, avec un très profond respect,

« Monseigneur,

« Votre très humble et très obéissant serviteur,

« D'ESTREANS, doyen du Parlement de Bretagne.

« Rennes, 19 novembre 1735. »

III

Réponse du Chancelier.

« Monsieur,

« Si le bien général de la Bretagne demandait la translation de la Faculté de droit de Nantes, dans la ville de Rennes, je n'ai pas été moins occupé, en y contribuant, de l'intérêt que le Parlement avait à cette translation. J'en suis trop bien payé par les remerciements que vous me faites en son nom; mais je le serai encore plus par le bon effet que ce changement pourra produire, en mettant les premiers magistrats de la Province en état de veiller plus aisément sur les mœurs et sur les études de leurs enfants. Je voudrais pouvoir trouver des occasions plus importantes de témoigner à votre Compagnie combien je l'honore véritablement et de vous assurer de toute l'estime avec laquelle vous savez que je suis depuis longtemps,

« Monsieur, votre affectionné serviteur,

« D'AGUESSEAU.

« A Versailles, le 3 février 1736. »

« Je ne sais par quel malheur cette lettre que j'avais écrite dès le 25 novembre dernier a été oubliée et arrivera par conséquent beaucoup plus tard que je ne voulois. »

(Registre littéraire (Copie de lettres) *du Parlement de Bretagne,* 1 vol. in-f°. *Archives particulières de la Cour d'Appel.)*

de la Cour que celui des Etats, et naturellement, à raison de leur âge et de leur situation, en exagérer les tendances. C'est ce qui ne manqua pas d'arriver.

Il serait bien utile d'avoir sur les opinions, les aspirations, les préjugés de nos anciennes écoles dans toute la France, et aussi dans chaque centre particulier, des renseignements précis. Il y a là tout un côté de l'histoire de l'esprit public à étudier, des moins connus et certes des plus intéressants [1].

L'ouverture de l'Ecole de droit eut lieu le 11 janvier 1736, à trois heures après-midi [2].

Un Arrêt de Règlement rendu en assemblée générale le 23 février 1736, établit la discipline de la Faculté. Il fut ordonné qu'une fois par trimestre, le Sénéchal de Rennes, commis par la Cour, ou, en son absence, l'officier qui le suivait immédiatement, se transporterait sans frais dans les Écoles, le substitut du Procureur général du Roi appelé ; que le jour de cette descente serait indiqué et publié 24 heures d'avance ; que les étudiants seraient tenus de comparaître et de signer au procès-verbal qui serait dressé [3].

L'interdiction aux étudiants du port de l'épée avait déjà donné et devait encore donner lieu à d'autres Arrêts du Parlement de Bretagne, tous ins-

[1] Monteil, dans son *Histoire des Français des divers états*, l'a laissé dans l'ombre.

[2] Décision de la Cour du 9 janvier (*Registres secrets*).

[3] Un autre Arrêt du 16 juin 1742 régla le cérémonial de cette visite :

« Au haut de la salle, une table couverte d'un tapis, deux fauteuils, un

pirés par la crainte de collisions sanglantes entre les étudiants et les bourgeois, ou entre les étudiants eux-mêmes [1].

Mais les Etudiants en droit voulurent, en dehors

pour le Sénéchal, un pour le Substitut du Procureur général du Roi. — Au bas de la table, deux chaises, l'une pour le greffier du Présidial, l'autre pour le greffier de la Faculté, qui représentera au Sénéchal le registre d'inscription, pour qu'il puisse faire faire l'évocation des Étudiants. — Ceux-ci doivent garder le silence, qu'ils ne devront rompre que lorsqu'ils seront appelés par le greffier pour venir signer au procès-verbal, etc. » *(Registres secrets.)*

I [1]

Avril 1684. (Édit donné à Versailles). — Le Roi, afin d'accoutumer les jeunes gens qu'on destine à la magistrature de garder, pendant le temps qu'ils étudient, une partie des règles qu'ils seront obligés d'observer quelque jour, veut que tous ceux qui étudient en droit portent des habits modestes, convenables à leur condition, leur défend de porter épée dans la ville où les écoles de droit sont établies, à peine d'être obligés, pour la première contravention, d'étudier une quatrième année, outre les trois portées par son édit du mois d'avril 1679, et d'y être pourvu plus sévèrement par la suite.

II

1734. (Arrêt du Parlement de Bretagne, 18 novembre.) — Sur les remontrances et conclusions du Procureur général, la Cour ordonne l'exécution de l'édit de avril 1684, fait défense à tous les Étudiants en droit de porter l'épée, à peine d'être obligés, pour la première contravention, d'étudier une quatrième année, outre les trois portées par l'édit d'avril 1679 et d'y être pourvu plus sévèrement en cas de récidive ; ordonne à cet effet que ledit édit sera lu à toutes les ouvertures des Écoles de droit, et que le présent Arrêt sera lu, publié et affiché partout où besoin sera.

[Cet Arrêt qui s'adresse aux Étudiants des facultés de Droit alors à Nantes, avait été précédé, le 6 septembre 1734, d'un autre Arrêt qui portait les mêmes défenses, sans prononcer aucune peine.] *(Registres secrets.)*

III

25 février 1737. — Arrêt de la Cour, qui fait très-expresses défenses aux Écoliers de droit, de quelque qualité qu'ils soient, de porter dans la ville de Rennes, ni de jour ni de nuit, l'épée ni autres armes, sous les défenses portées par les arrêts et règlements et notamment celui du 23 février 1736, et pour la faute commise par les nommés Moreau et Mainguy, ordonne qu'ils

de ces Arrêts, se lier par certains règlements particuliers. En 1756, ils formèrent entre eux une Association, sans rédiger toutefois de statuts par écrit.

Elle n'avait pas pour objet, comme dans certaines autres universités, le plaisir, le chant, les représentations scéniques [1].

Elle paraît, dès le principe, avoir été assez sérieuse et s'être surtout proposé de resserrer les liens des jeunes gens qui la composaient, et de défendre leurs privilèges [2].

Ces privilèges n'étaient guère considérables. Le principal, le seul peut-être, consistait à faire entrer gratuitement aux spectacles de la ville, 13 des leurs, savoir : 12 au parterre et 1 au théâtre [3]. Quand le

seront tenus, conformément audit arrêt, d'étudier une quatrième année outre les trois... leur fait défense de récidiver à peine d'y être pourvu plus sévèrement. *(Registres secrets, 1737.)*

IV

4 mai 1738. — Arrêt au sujet de deux Écoliers de droit, trouvés saisis, l'un d'une épée, l'autre d'une trique de fagot. La Cour ordonne qu'ils continueront leurs études de droit pendant un an, avant qu'ils soient admis à soutenir leurs actes de licence. *(Registres secrets, 1738.)*

[1] V. Notamment les *Sociétés Badines, Bachiques, Littéraires et Chantantes ; leur Histoire et leurs Travaux*. Ouvrage posthume de M. Arthur Dinaux, revu et classé par M. Gustave Brunet. Paris, Bachelin de Florenne, 1867, 2 vol. in-8°.

[2] Déjà maintenus en principe par un Arrêt du Parlement, du 3 juillet 1737, et par une Déclaration du Roi, du 26 novembre 1737, qui leur assurait, ainsi qu'aux Facultés, les mêmes « droits, prérogatives, privilèges, immunités, exemptions et libertés » dont ils avaient joui à Nantes, mais sans en spécifier aucun.

[3] Ducrest de Villeneuve et Maillet, *Histoire de Rennes*, 1845, in-8°, p. 396. Les estimables auteurs de cet ouvrage, n'ayant point connu le Registre de l'Association, ont ignoré ou confondu plusieurs des faits et des dates qui la concernent.

prix des premières places était inférieur à 20 sols, ils avaient droit à 13 premières [1]. Toute actrice débutante devait au Prévôt une visite de cérémonie qu'il recevait dans la salle même du Droit, en présence de ses camarades [2]. Par une exigence peut-être abusive et qui, comme nous le verrons, scandalisait fort la délicatesse de Messieurs du Parlement, ils étendaient ce droit d'entrée à tous les spectacles forains, marionnettes, concerts et même aux combats d'animaux.

Il y avait aussi à régulariser les manifestations que l'Ecole avait pour habitude de faire dans certaines circonstances solennelles. C'était tantôt un service religieux à faire célébrer, tantôt un feu de joie à allumer ou une cavalcade à organiser à l'arrivée d'un haut personnage, ou bien encore un compliment à lui adresser.

L'Association avait un Prévôt et un Greffier, tous deux bacheliers en droit; tel était, du moins, l'usage. Ils étaient nommés, tantôt au scrutin, tantôt par acclamation. Habituellement, le Greffier sortant passait Prévôt. La durée de leur exercice n'était pas très régulière. Elle avait été fixée à six semaines et 13 représentations, sans doute pour empêcher que le Prévôt, qui avait droit de se réserver un des billets qu'il distribuait à tour de rôle à ses camarades,

[1] Délibérations des 19 novembre 1784 et 11 octobre 1785.
Ces billets ne pouvaient être passés à d'autres que des camarades, à peine de déchéance du droit d'en recevoir pendant le trimestre courant. (Délibérations des 20 mai 1772, 16 juillet 1780, 16 juin 1786.)

[2] C'était du moins l'usage pendant la prévôté de Moreau.

ne fût tenté d'en abuser en se perpétuant dans sa charge. Il y eut sans doute des difficultés à ce sujet. Le temps de la Prévôté fut fixé rigoureusement à six semaines (Délibération du 7 janvier 1785), sans que cette fixation amenât beaucoup plus de régularité dans la transmission. D'ordinaire, le Prévôt dont l'exercice était expiré, donnait sa démission ; parfois, si elle se faisait trop attendre, il était remplacé d'office. Très rarement, par la raison que nous venons d'indiquer, il était prorogé dans ses fonctions; mais, à l'approche des vacances d'août, il était d'usage de maintenir le titulaire en charge jusqu'à la rentrée, c'est-à-dire jusqu'à la Saint-Martin. Par exception, et sans doute à raison de circonstances particulières, Moreau resta Prévôt pendant un temps assez long. Il y eut aussi à la même époque, un Lieutenant-Prévôt.

Les étudiants étaient convoqués par affiche signée du Prévôt, et se réunissaient dans la grande salle de l'Ecole.

L'assemblée, pour se constituer, devait être « en nombre suffisant »; mais quel était ce nombre ? Rien ne nous le dit. Certaines délibérations ne sont souscrites que par une douzaine de signataires ; d'autres, par 30 ou même 50. On remettait au lendemain, quand les membres présents étaient trop peu nombreux.

Procès-verbal était dressé de leur délibération et signé, séance tenante, par les assistants, sur un registre spécial dont nous allons raconter l'histoire assez accidentée. Ce registre était déposé aux mains du Greffier qui promettait « de ne s'en dessaisir entre les mains de qui que ce soit, sans y être autorisé par une délibération, à peine de privation de tous ses privilèges et de destitution, » et qui en recevait décharge à sa sortie.

La même privation était encourue par ceux des élèves qui auraient refusé de se soumettre aux taxations arrêtées par l'Association.

Plus tard, en 1785, l'Association fit fabriquer un cachet qui coûta 12 # et dont le Prévôt avait la garde.

Elle ne tarda pas à donner quelque ombrage aux gens du Roi ; toutefois, on la laissait vivre. Mais, en 1772, la part qu'elle prit à la disgrâce du Parlement attira sur elle, si modeste qu'elle fût, les foudres judiciaires.

On sait qu'en 1765, la lutte qui existait depuis quelques années déjà entre le Gouvernement et le Parlement de Rennes, au sujet de la perception des nouveaux impôts d'un sol et de deux sous par livre, créés par de simples Déclarations du Roi, sans le consentement des États, s'exaspéra singulièrement.

C'était toujours cette même question, pour laquelle les pauvres paysans avaient été pendus sous Louis XIV, et les gentilshommes décapités sous la Régence : question d'argent, mais aussi de droit et d'honneur provincial.

Aux États, qui avaient provoqué le refus d'enregistrement du Parlement, la lutte cessa par l'allo-

3

cation d'un supplément de 700.000 livres ; mais le Parlement, plus intraitable, ne céda pas et insista pour obtenir l'abolition des Lettres Patentes (22 octobre 1764), qui cassaient l'Arrêt de la Chambre des Vacations, défendant, sous peine de concussion, la levée des deux sous par livre (16 octobre 1764.)

Il déclara même suspendre ses travaux, et persista dans cette résolution, malgré les injonctions successives qui furent adressées à ses membres de reprendre l'exercice ordinaire de leur charge et d'enregistrer immédiatement les lettres de cassation de l'arrêt du 16 octobre : « Quant à rendre la justice, disait-il fièrement, le Parlement ne le peut, lorsqu'il voit la magistrature avilie par des cassations d'arrêt multipliées, ce que ses membres accusés n'ont pas la permission de se défendre. » (5 janvier 1765.)

Mandé tout entier au pied du trône, par lettre de cachet du 16 février, il fut accueilli avec hauteur et sévérité par le Roi, qui lui reprocha sa désobéissance.

A son retour, il reçut une ovation populaire, où les Étudiants en droit ne furent pas les derniers à prendre part.

La démission de ses membres était arrêtée en principe dès le 6 avril ; mais c'est le 20 mai seulement que cette démission fut rédigée solennellement et envoyée au Roi. Des quatre-vingt-quatre magistrats présents, douze seulement refusèrent de la signer, bien qu'un plus grand nombre en eût désapprouvé le principe : noble manifestation de cet esprit de corps qui avait produit de grandes choses, et qu'il est plus facile aujourd'hui de blâmer que de remplacer [1].

Choiseul, excité par le duc d'Aiguillon, dont le nom et le rôle dans cette affaire ont laissé en Bretagne de si amers souvenirs, fit arrêter (10 novembre 1765) le procureur-général Caradeuc de la Chalotais (Louis-René), si fameux par sa récente campagne contre les Jésuites ; son fils (Anne-Jacques-Raoul), procureur-général en survivance, et divers membres du Parlement, que l'on considérait comme les promoteurs de la résistance et les auteurs ou les complices de publications injurieuses contre le Gouvernement. D'autres furent exilés ; mais ces rigueurs et les efforts réitérés pour amener le Parlement à enregistrer purement et simplement la déclaration illégale de deux sols par livre, n'aboutirent qu'à une nouvelle protestation contre la violation du plus essentiel des droits de la Province. Le procès fait aux magistrats arrêtés, les odieux traitements dont on les accabla, les tentatives de réorganisation du Parlement avec les douze dissidents et même quelques-uns des signataires, rien ne put fléchir leur résistance ; tout, au contraire, exaspéra l'opinion ; ils devinrent ses favoris, et La Chalotais son idole. Les ordres religieux eux-mêmes prirent hautement fait et cause pour eux.

[1] *Histoire de Rennes ;* — PITRE-CHEVALIER, *Bretagne et Vendée ;* — DU CHATELLIER, *Histoire de la Révolution dans les départements de l'ancienne Bretagne,* T. I ; — MARTEVILLE, Art. *Rennes* dans la nouvelle édition du *Dictionnaire de Bretagne,* d'Ogée ; — L'abbé BOSSARD, *Le Parlement de Bretagne et la Royauté,* 1882, in-8°.

Mais c'est dans l'entourage du Parlement, dans le monde judiciaire, que le soulèvement fut naturellement le plus vif et le plus unanime.

Les Facultés de droit, les officiers de justice manifestèrent leur adhésion à l'attitude du Parlement.

Les avocats refusèrent de plaider devant la nouvelle Cour. Une lettre du Garde des sceaux leur enjoignit de reprendre leurs fonctions. Cinquante-deux contre onze arrêtèrent qu'il n'y avait pas lieu de délibérer sur cette lettre. On les menaça alors de comprendre dans les rôles pour le service du guet ceux d'entre eux, âgés de moins de cinquante ans, qui n'exerçaient pas leur profession et d'assujettir leurs fils au tirage de la milice. Ils se divisèrent ; quelques-uns, Morice Dulérain à leur tête, cédèrent aux sollicitations du nouveau Président, M. de Montbourcher, et reparurent aux audiences, pendant que vingt des plus autorisés signaient une consultation remarquable en faveur de La Chalotais, pour repousser les charges fondées sur la science conjecturale des experts en matière d'écriture, les seules qu'on invoquât contre lui, à raison de billets injurieux adressés à M. de Saint-Florentin, qu'on s'obstinait à lui attribuer, contre toute vérité et contre toute vraisemblance. L'instruction n'en continua pas moins.

Les procureurs de Rennes protestèrent à leur tour. Douze d'entre eux, qui avaient signé une requête irrespectueuse pour la nouvelle Cour, furent même emprisonnés, et ne recouvrèrent leur liberté qu'en faisant amende honorable.

Les Étudiants en droit s'associèrent sans nul doute à ces manifestations. Nous ne croyons pas cependant que leurs délibérations en eussent gardé trace, car le Parlement n'aurait pas manqué de leur en faire un grief dans l'Arrêt empreint d'une sévérité, il faut bien le dire, rétrospective et même un peu puérile, par lequel il frappa l'Association.

« *Du samedi 31 janvier 1767, Messire Antoine Arnaud de la Briffe, Premier Président.*

« Ce jour, l'Avocat général du Roi, entré en la Cour, dit qu'il vient dénoncer un abus qui s'est introduit depuis plusieurs années, non dans la Faculté des droits, mais parmi les jeunes élèves de cette Faculté. Jusqu'en 1756, les étudiants en droit ne s'assemblaient que sur des objets qui concernaient leurs privilèges d'entrer gratis au spectacle, au nombre de treize ; ils ne traitaient pas d'affaires plus graves ; mais, en 1756, ils crurent devoir former un corps politique dans l'État et ils nommèrent pour la première fois un Greffier en exercice; ils se firent un Registre sur lequel ils arrêtèrent de porter toutes les délibérations qu'ils prendraient à la pluralité des voix, et l'intitulé de ces délibérations fait voir qu'ils se sont fait des règlements de leur autorité privée : *Assemblés en nombre suffisant,* portent ces intitulés; que la Cour ne peut autoriser une pareille entreprise, aucuns citoyens n'ayant le droit de s'ériger en corps et de se faire des règlements, et surtout de jeunes étudiants soumis aux règles des statuts de la Faculté, sans pouvoir s'en donner et s'en créer de particuliers. La Faculté des droits ne peut reconnaître d'autre Greffier que celui qu'elle a elle-même élu, d'autre registre que celui qu'elle tient, et le prétendu Registre que ledit

Avocat général du Roi apporte à la Cour, ne peut être regardé que comme un cahier informe et sans aucune autorité, qui doit être supprimé avec défense aux Étudiants en droit de faire des délibérations et de tenir des Registres, leurs assemblées ne devant et ne pouvant avoir d'autre objet que ce qui intéresse leurs études et leurs privilèges ; que la liberté que se donnent les Étudiants en droit de porter l'épée sous les yeux de la Cour, exige la répétition et la publication des lois qui la leur interdisent. A ces causes, a, ledit Avocat général du Roi, requis qu'il y fût pourvu sur ses conclusions qu'il a laissées par écrit. Icelui retiré, ses conclusions vues, ouï le rapport de Maître Desnos des Fossés, conseiller doyen de la Cour, et sur ce délibéré :

« La Cour, faisant droit sur les remontrances et conclusions du Procureur général du Roi, a ordonné que le prétendu Registre intitulé : *Registre des délibérations de Messieurs les Étudiants en droit, 19 août 1756*, demeurera supprimé au Greffe de ladite Cour ; fait défense aux Étudiants en droit de faire des délibérations, de tenir un Registre et de s'assembler pour autres objets que ce qui intéresse leurs études et leurs privilèges, à peine d'être poursuivis selon l'exigence des cas ; fait pareillement défense auxdits Étudiants, de quelque qualité qu'ils soient, de porter épée dans la ville de Rennes, à peine d'être obligés, pour la première contravention, d'étudier une quatrième année, conformément à l'Édit du mois d'avril 1684 et aux Arrêts de la Cour, notamment celui du 23 janvier 1736 [1], et ordonne que le présent Arrêt sera imprimé, publié et affiché à la porte de l'École de droit [2]. »

Le Registre fut donc une première fois confisqué et déposé au Greffe du Parlement.

[1] Erreur ; l'arrêt cité est du 23 février 1736.

[2] *Registres secrets.*

Mais une sorte de rapprochement s'opéra entre la Cour et l'opinion : trève et non paix véritable. Les poursuites contre La Chalotais furent arrêtées, mais il fut exilé à Saintes sans pouvoir se justifier. Le Parlement de Bretagne fut rappelé, mais quelques éliminations, quelques proscriptions subsistèrent.

Sa rentrée solennelle (15 juillet 1769) fut fêtée par des ovations brillantes et des compliments de tous les corps militaires, judiciaires ou religieux de la province. Les Étudiants en droit y prirent part. Comme ils avaient été *à la peine*, ils devaient être à *l'honneur*.

« Du dit jour samedi 15 juillet 1769.

« La Cour, toutes les Chambres assemblées, étant instruite que les avocats, les procureurs et huissiers en icelle et plusieurs autres Corps et Députés, tant de la ville de Rennes que du reste de la Province, étaient au parquet des Huissiers et demandaient l'entrée de la Cour à l'effet de lui témoigner leur joie et de la complimenter sur son rétablissement, a arrêté que l'entrée de la Cour leur serait accordée successivement...

« N° 18. *Discours des Étudiants en Droit ès Facultés de Rennes, prononcé par le Prévôt.*

« Nosseigneurs, les plaisirs et la joie succèdent enfin aux pleurs et à la tristesse. Depuis cette époque de nos malheurs, de ce jour, où, dans l'affreuse nécessité de compromettre les intérêts de l'État ou de déplaire au Prince, votre prudence préféra d'abandonner le sanctuaire de Thémis, la consternation n'a cessé d'être générale dans la capitale et a bientôt passé aux extrémités les plus reculées de la Province. Nous avons été témoins du coup fatal que votre absence a porté à l'administration de la

Justice. Quel spectacle, Nosseigneurs, pour des jeunes gens assemblés de toutes les parties de la Province pour étudier les lois! Pouvaient-ils n'être pas découragés? Mais, jour à jamais mémorable, la vérité est enfin parvenue jusqu'au trône : la vertu triomphe et vous êtes rendus aux désirs de toute la Nation ! La joie de votre retour serait aussi complète qu'elle est générale, si nous apercevions parmi vous, Nosseigneurs, les illustres magistrats que nous avons vus, les premiers, éprouver la disgrâce du Souverain et qui manquent au bonheur public : nous osons vous supplier de solliciter pour eux auprès du *meilleur des Rois,* il ne pourra se refuser à d'aussi justes demandes ; les bontés qu'il vient de vous faire éprouver vous répondent du succès et sont le présage le plus sûr de leur retour prochain dans ses bonnes grâces et de notre parfait bonheur.

« Quels remerciements, Nosseigneurs, n'ont point à vous faire les Étudiants en Droit, d'avoir bien voulu agréer leurs hommages ! Vous les avez jusqu'ici honorés de votre puissante protection ; ils espèrent que vous voudrez bien continuer de l'étendre sur eux ; ils feront toujours leurs efforts pour la mériter [1]. »

La Cour voulant donner à l'École de droit un témoignage de satisfaction pour le dévouement qu'elle lui avait montré, dispensa un certain nombre d'Étudiants, au choix de leurs camarades, de la partie des droits de chapelle par eux dûe au Palais, lors de leur réception. Parmi les noms inscrits sur la liste d'exemption, on remarque ceux du Prévôt, Jean Lefèvre du Volozenne, de Quintin ; de Jean-

[1] *Recueil de pièces, actes, lettres et discours de félicitation à l'occasion du rappel de l'universalité des membres du Parlement de Bretagne au 15 juillet 1769.* MDCCLXX, in-12 (sans lieu) ; opuscule excessivement rare ; — abbé BOSSARD, p. 86 ; — PITRE-CHEVALIER, p. 139 ; — etc.

Denis Lanjuinais, de Rennes, destiné à une si grande célébrité politique; de Paul-Alexis-Thomas de la Plesse, de Vitré; de Jean-Marie-Emmanuel Legraverend, de Rennes, qui devint un savant jurisconsulte; de Pierre Le Minihy, de Rennes; de François-Phélippes de Tronjolly, de Rennes, le futur adversaire de Carrier; de François Blanchard de la Musse, de Nantes, l'*anacréontique* [1].

Encouragés par ce témoignage public d'estime et de sympathie, les Étudiants présentèrent à la Cour une requête en restitution de leur Registre, et sur leur déclaration « de n'entendre former un corps politique, » on le leur rendit en effet, avec le droit de s'assembler toutes les fois que l'exigerait l'intérêt de leurs études ou de leurs privilèges.

Voici l'Arrêt :

« *Du lundi 14 août 1769. Messire Antoine Arnaud de la Briffe, Premier Président.*

« Entre les Étudiants en droit des Facultés de la ville de Rennes, suites et diligences de noble homme.... Varin, sieur du Colombier [2], leur Provôt, demandeur en requête du 28 juillet dernier, d'une part; M. le Procureur général du Roi, défendeur, d'autre part.

« La Cour, Chambres assemblées, après avoir ouï Etasse, avocat, pour Fonteneau, procureur, ensemble Duparc-Porée, avocat général pour le Procureur général du Roi,

1 *Hist. de Rennes*, p. 399.

2 Varin (Julien-Louis-Joseph); fils de Joseph-Hyacinthe-Julien Varin, sieur du Colombier, avocat à la Cour, et de Louise Malinge; né à Rennes, le 19 avril 1750. Il prit plus tard le titre de sieur de Beauval, qui avait appartenu à son aïeul maternel, et succéda à son père comme lieutenant civil et criminel du Présidial de Rennes, vers 1776.

faisant droit dans la requête des parties d'Etasse du 28 juillet dernier, outre et par sur leur déclaration de n'entendre former un corps politique distinct et séparé des Facultés de droit de cette ville, dont ladite Cour leur a, en tant que besoin, décerné acte, a rapporté l'Arrêt du 31 janvier 1767; en conséquence, ordonne que le Registre supprimé au greffe par ledit Arrêt sera rendu auxdites parties d'Etasse ; auquel effet, enjoint au Greffe de les en ressaisir, moyennant décharge, et leur permet de continuer Registre des élections de Provost et des délibérations pour la conservation de leurs privilèges et des témoignages de satisfaction que la Cour leur a donnés en différentes occcasions ; au surplus, ordonne que ledit Arrêt sera bien et dûment exécuté [1]. »

Mais la lutte recommença plus vive entre les Parlements et Maupeou , successeur de Choiseul. A Paris, le Parlement flétrissait d'Aiguillon, ne pouvant le condamner, et d'Aiguillon s'en vengeait en devenant ministre ; on arrachait de son greffe les pièces de la procédure, ne pouvant la supprimer, et le Roi venait en personne présider à cette espèce de violence. En Bretagne, les magistrats s'obstinaient à demander des juges pour MM. de la Chalotais, à refuser l'enregistrement des nouveaux Édits. Ils n'étaient pas tous mauvais; mais celui qui supprimait la vénalité des charges et établissait la gratuité de la magistrature, en ordonnant le remboursement de tous les offices, le meilleur assurément, était précisément celui qui portait à leur autorité le coup le plus rude et les blessait le plus profondément : tant les questions de

[1] *Registres secrets.*

caste et d'intérêt personnel se mêlaient à ces querelles fameuses, sous le masque du bien public [1].

L'Édit qui supprimait l'ancienne Cour fut enregistré militairement, et la nouvelle magistrature fut installée de la même manière.

Les Étudiants en droit gardaient au fond de leurs cœurs toute leur fidélité à l'ancien Parlement, image pour eux de la liberté et de la légalité. Le nouveau le savait, et n'attendait qu'une occasion pour les en punir. Cette occasion s'offrit d'elle-même. Le jeune Duc de Chartres étant venu visiter la Province dont le Duc de Penthièvre, son beau-père, si cher à toute la Bretagne, était gouverneur, fut l'objet d'empressements extraordinaires, seule issue laissée aux douleurs et aux ressentiments des Bretons froissés et comprimés. Les Étudiants ne manquèrent pas de s'y associer.

Un nouvel Arrêt du Parlement de Bretagne, du 22 août 1772, remit en vigueur les dispositions rigoureuses de celui de 1767 et supprima itérativement leur Registre. « Ce Registre, disait l'Avocat général [2],

[1] Du CHATELLIER, T. I, p. 21.

[2] *Ménardeau de la Charaudière.* « C'est lui qui fut le plus déchaîné contre les Étudiants en droit. » (Note du Prévôt Le Normant de Launay, sur le Registre.) On pourrait supposer qu'ayant fait son droit à Rennes (1re inscription, 14 novembre 1761), mais n'ayant pas fait partie de l'Association, en dehors de laquelle les jeunes nobles affectaient en général de se tenir, il était mal disposé pour elle.

Est-ce en souvenir des luttes engagées et soutenues par ces Associations, que la loi des 5-8 juillet 1820, qui organise les Facultés de droit et de médecine, « défend, sous des peines sévères, aux étudiants, soit d'une même Faculté, soit de diverses Facultés de même ordre, soit de diverses Facultés de différents ordres, de former entre eux aucune association, sans en avoir

eût dû rester au greffe dans un éternel oubli ; mais des circonstances sur lesquelles il n'est pas de notre ministère de nous appesantir le firent reparaître, et l'Arrêt du 14 août 1769 rendit ce Registre à ses premiers maîtres. Aujourd'hui, les abus sont les mêmes ; ils se sont encore multipliés, et il est de notre devoir de vous en prévenir. Il est de votre autorité seule d'y mettre des bornes. »

« La Cour, en effet, Chambres assemblées, faisant droit sur les remontrances et conclusions du Procureur Général du Roi, lui a décerné acte de son opposition à l'Arrêt du 14 août 1769, et y faisant droit, a rapporté ledit Arrêt et ordonné que celui du 31 janvier 1767 sera bien et dûment exécuté ; en conséquence, ordonne au Greffier ou à tout autre saisi du Registre des délibérations des Étudiants en droit de l'apporter sous huit jours, pour tout délai, au Greffe de la Cour, pour y demeurer supprimé ; leur fait défense de tenir de Registre à l'avenir et de s'assembler pour autre objet que ce qui intéresse leurs études, à peine d'être poursuivis suivant l'exigence des cas ; ordonne, au surplus, que le présent Arrêt sera imprimé, publié et affiché à la porte des écoles de droit[2].

L'Arrêt ne fut pas mis immédiatement à exécution. On espérait sans doute que les Étudiants feraient quelqu'acte de soumission qui permettrait d'en adoucir la rigueur. Ils ne reculèrent pas d'une semelle. A l'Assemblée générale des Chambres (17

obtenu la permission des autorités locales, et en avoir donné connaissance au recteur de l'Académie ou des Académies dans lesquelles ils étudient ; pareillement d'agir ou d'écrire en nom collectif, comme s'ils formaient une corporation ou association légalement reconnue ? » (Art. 20.)

[2] *Registres secrets.*

décembre 1772), le Président de Langle s'enquit s'il avait été exécuté, et sur la réponse des officiers du parquet qu'il avait été imprimé, mais que le Registre n'avait pas encore été déposé au Greffe de la Cour, il leur fut formellement enjoint d'en poursuivre l'exécution sans plus de retard « et de faire immédiatement déposer le Registre au Greffe, pour y demeurer supprimé. »

L'Arrêt fut donc signifié au Prévôt Le Normant de Launay, par exploit d'huissier, le 22 décembre.

Il convoqua aussitôt ses camarades, et, le même jour, ils prirent deux délibérations successives ; c'était le testament de leur Association.

Par la première, ils arrêtaient, « d'une voix unanime » :

« Qu'à l'avenir il sera fait un service annuel pour les confrères qui décéderont pendant le cours de leurs études, lequel service se fera tous les ans, le lendemain des Rois, dans l'église des Pères Augustins que nous nommons et choisissons pour nos aumôniers. »

Par la seconde,

« Ils ordonnaient à M. le Prévôt de porter état audit Arrêt du 17, pour nous et en notre nom, dans le délai de l'Ordonnance, et ce sous toutes les réservations de droit. »

Le Registre fut ensuite déposé au Greffe, où il resta jusqu'à la nouvelle et définitive réintégration de l'Association dans ses droits [1].

[1] Les Étudiants n'en continuèrent pas moins, comme nous allons le voir, de se réunir et de tenir note de leurs délibérations, mais sur feuilles volantes.

Elle attendit longtemps, comme le Parlement, au sort duquel, par un singulier rapprochement, le sien paraissait ainsi lié.

Il fallut la mort de Louis XV (10 mai 1774) et l'avènement de l'honnête et faible Louis XVI, destiné à payer, innocent, les fautes de ses prédécesseurs [1]; la chute du triumvirat détesté, Terray, Maupeou et d'Aiguillon, et leur remplacement par Turgot et Malesherbes, noms pleins d'espérances, pour restaurer ce qu'on peut appeler la Royauté parlementaire, qui rappela à son tour la Royauté des États. L'édifice était tellement caduc que la main qui voulut le rétablir ne fit qu'en hâter la chute.

Les anciens Parlements furent donc rappelés ; mais en les rappelant, on les soumettait au régime des Parlements nouveaux. La Bretagne applaudit avec transport au retour de ses exilés. Les deux La Chalotais vinrent reprendre leurs sièges de Procureurs généraux.

Les Étudiants en droit furent remis en possession de leur Registre et de leurs privilèges.

Nous allons les laisser parler eux-mêmes et retracer un peu longuement leur attitude pendant les années qui venaient de s'écouler. Ce récit est

1 *Delicta majorum immeritus lues !* HOR.

Louis XVIII, alors Monsieur, dit à cette occasion au Roi, son frère : « Le Parlement que vous détruisez avait replacé sur la tête du feu roi, notre ayeul, la couronne que l'ancien Parlement lui avait en quelque sorte ravie, et le chancelier Maupeou que vous venez d'exiler, lui avait fait gagner le procès que les Rois, vos ayeux, soutenaient contre les Parlements depuis deux siècles. Le procès était jugé, et vous, mon frère, vous cassez le jugement pour recommencer la procédure. » (Vte DE POLI, *Louis XVIII*, p. 84.)

d'autant plus intéressant qu'il expose avec une âpreté bretonne et juvénile [1] les sentiments qui animaient alors l'École, et que le rédacteur, qui l'a transcrit lui-même en partie sur le Registre, n'est autre que Toullier, alors simple étudiant dans cette École dont il devait devenir, comme professeur, l'honneur et la lumière [2].

III

« Du 20 mai 1775, sur les quatre heures de l'après-midi, « MM. les Étudiants en droit de la Faculté de Rennes, assemblés en nombre suffisant au lieu ordinaire de leurs délibérations, aux fins d'affiche du jour d'hier, signée *Toullier, Prévôt*, mondit sieur Toullier, entré, a dit :

« Messieurs,

« La Cour, par son Arrêt du 10 du présent, vient de « nous rendre des privilèges dont nous avoit dépouillés « par humeur un Tribunal que nous avions constamment

[1] La justice d'alors était elle-même souvent mal embouchée, et ne se gênait pas pour qualifier crûment d'*actes despotiques et arbitraires*, les procédés du Gouvernement. (TOCQUEVILLE, l'*Ancien régime et la Révolution*, p. 172. 403).

[2] Charles-Bonaventure-Marie Toullier, né à Dol, près Saint-Malo, le 21 janvier 1752, d'une famille justement considérée ; — docteur en droit, 1776 ; — professeur agrégé à la Faculté de Rennes, 1778 ; — élève des Universités d'Oxford et de Cambridge ; — pendant la Révolution, administrateur de district, juge, avocat ; — professeur de Code civil à Rennes, 1806 ; — doyen ; — mort le 19 septembre 1835 ; — auteur de l'ouvrage célèbre : *Le Droit civil françois*, 14 v. in-8°. (Ch. PAULMIER (aujourd'hui sénateur), *Éloge de Toullier* prononcé à la Conférence des avocats de Paris, le 24 novembre 1836 ; — *Biographie Michaud*, suppl. (article de Mellin) ; — *Biographie Bretonne*, (art. de P. Levot) ; — etc.)

La bibliothèque et les papiers de Toullier, laissés à un fils qui ne sut pas en apprécier la valeur, ont été dispersés et perdus.

Notre travail ajoute quelques pages inconnues à sa biographie.

« refusé de reconnoître ; elle nous a de même rendu des « Registres qui n'avoient paru abusifs aux juges qui en « avoient ordonné la suppression que parce que nous y « avions consigné presque à chaque page notre sincère « dévouement pour les vrais ministres de la justice et les « vœux ardents que nous faisions pour leur retour. Ils ont « été enfin rappelés, les magistrats si désirés, et la justice « que nous étions en droit d'attendre d'eux, nous a été « rendue.

« Mais, vous le savez, Messieurs, depuis la suppression « de nos Registres jusqu'à ce jour, nous avons pris plusieurs « délibérations qu'il convient d'enregistrer. J'ai, pour y « parvenir, sur les lumières dont MM. les anciens Pré- « vôts, mes prédécesseurs, ont bien voulu m'aider, fait un « Précis, le plus exact qu'il m'a été possible, de ce qui s'est « passé au Droit de plus intéressant pendant ce temps. « Je supplie l'Assemblée d'en entendre lecture pour « sur ce être ordonné ce qu'il lui plaira.

« Sur ce délibérant, MM. les Étudiants en droit ont « arrêté que le Précis dont M. le Prévôt a donné lecture, « sera enregistré.

« Il a de plus été arrêté que MM. le Prévôt et le Gref- « fier iront chez MM. les Professeurs et Agrégés, et chez « MM. Duchâtelet, Lucas et Fonteneau, leur présenter « une copie de l'Arrêt intervenu en faveur de nos privi- « lèges.

« Fait à Rennes, lesdits jour et an que dessus.

« Toullier, prévôt ; — Armez du Ruclé, greffier ;
« etc. »

« Rapport de M. le Prévôt, enregistré en vertu de la délibération en datte du 20 mai 1775.

« Je ne chargerai point, Messieurs, le Rapport que je vais vous faire d'ornements étrangers ; je ne ferai que raconter. En disant ce qu'il faudra dire, je tâcherai de ne pas dire plus, et ne me permettrai d'autres réflexions que celles qui naîtront du sujet ou qui seront nécessaires pour la liaison du discours.

« Le tribunal emprunté qui avoit usurpé le Temple de la Justice, convaincu de notre attachement pour les véritables organes des lois, par la démarche que nous avions faite auprès de S. A. S. Monseigneur le Duc de Chartres, craignant apparemment que notre enthousiasme pour le bien public ne réveillât l'esprit de patriotisme engourdi dans les cœurs de quelques citoyens, mortifié d'ailleurs de ce que nous avions refusé de le reconnoître et de ce que nous n'avions pas député vers lui pour le saluer au nom du Corps, avoit, dès le 22 août 1772, rendu un jugement par lequel il supprimoit nos Registres.

« Ce jugement, quoique imprimé, demeura sans exécution et ne nous fut point signifié ; ce qui fait présumer qu'il ne fut rendu que dans l'espérance que la crainte de perdre nos Registres nous engageroit à faire des démarches pour parer le coup qu'on s'apprêtoit à nous porter.

« Mais ce qui porte la présomption jusqu'à l'évidence, c'est que, sur l'inaction des Étudiants, ces juges, jaloux de se faire des partisans qui pussent pallier leur honte en la partageant et la leur faire en quelque sorte oublier à eux-mêmes, ces juges qui ne désiroient rien tant que de se faire reconnoître par un corps composé de la plus brillante jeunesse de la Province, ne craignirent point de s'avilir en nous faisant dire par la bouche du sieur de Kermaingui, alors notre Prévôt, que, si nous voulions les aller voir, le jugement du 22 août demeureroit sans exécution et s'enseveliroit dans l'oubli.

« Vous vous souvenez sans doute, Messieurs, de l'indignation avec laquelle vous reçûtes cette proposition. On ne délibéra pas ; elle fut unanimement rejetée par acclamation. Cependant, comme on prévoyoit ce qui devoit arriver, on eut la prudence de ne pas inscrire sur les Registres une pareille délibération.

« On ne sait pas si la résolution des Étudiants en droit parvint aux oreilles des juges, mais ce qu'on sait bien, c'est que le 17 décembre de la même année, M. le Président de Langle demanda, lors de l'assemblée des Chambres, si le jugement en question avoit été exécuté, et qu'il en fût rendu un second conforme à celui du 22 août, de l'exécution duquel même on chargea M. le Procureur général de rendre compte dans cinq jours.

« Ce jugement nous fut signifié dans la personne du sieur de Launay le Normant, alors notre Prévôt. Il fallut céder à l'autorité, et nos Registres demeurèrent supprimés.

« On ne s'en tint pas là ! Voyant que rien ne pouvoit vaincre notre obstination, on crut que nous pourrions être plus sensibles à la suppression de nos autres privilèges, tels que l'entrée gratuite, au nombre de 13, à tous les spectacles publics qui se donnent en cette ville.

« Troisième jugement en conséquence, qui, sur les motifs les plus pitoyables, les prétextes les plus frivoles, nous enleva tous nos privilèges, sans nous laisser même la liberté de faire prier Dieu pour nos confrères morts pendant la durée de leurs études [1].

[1] Cette troisième décision, dont la date n'est pas indiquée, doit être l'Arrêt du 30 avril 1773, plus rigoureux encore, en effet, que les précédents.

« *Du Vendredi 30 avril 1773. Messire Antoine Arnaud de la* « *Briffe, Premier Président.*

ro LeP généra cu rreu«du Roi, entré en la Cour, a dit : « Messieurs, par « vos Arrêts des 31 janvier 1767 et 22 août 1772, vous avez supprimé l'abus « qui s'était introduit parmi les Étudiants en droit de se former un Registre « pour inscrire des délibérations prises à la pluralité des voix dans des « assemblées particulières, hors la présence des professeurs, et vous avez « défendu auxdits Étudiants de faire des délibérations, de tenir un Registre et « de s'assembler pour autres objets que ce qui intéresse leurs études ; mais « l'exécution de votre Arrêt se trouve éludée sous le prétexte de certains « privilèges que nous avons reconnus n'être fondés sur aucun titre, sur au-

« Quelques jours après la notification de ce jugement, dont M. de Coniac, sénéchal de Rennes, juge conservateur de nos privilèges, vint lui-même accélérer l'exécution, on s'assembla pour aviser aux moyens de se pourvoir.

« cune loi. En effet, les Étudiants, lorsqu'il est donné des représentations « de spectacles dans cette ville, avec permission des magistrats, réclament « l'entrée gratuite de 13 d'entre eux sur des billets qu'ils se distribuent « eux-mêmes ; pour cette distribution, ils élisent un Prévôt ; cette élection « est souvent la cause de brigues et de querelles. La distribution des billets « en fait naître également, et quelquefois dans les spectacles même ; cette « tolérance a dégénéré en abus ; il nous a été rendu compte que les billets « ont été multipliés ; en sorte que des jeunes gens en ont représenté pour « s'introduire dans les spectacles au delà du nombre qui avoit été jusque-là « permis, ce qui a donné lieu à des querelles indécentes entre eux et les « donneurs de spectacles. Ce droit prétendu n'étant fixé par aucune règle, les « Étudiants ont cru pouvoir l'étendre à leur volonté et s'attribuer le droit « d'entrer, au nombre de treize, à tous les petits spectacles publics donnés « par les joueurs de gobelets, joueurs de marionnettes, et cela autant de « représentations qu'ils pourroient en répéter chaque jour. Plus notre minis- « tère sera vigilant à conserver précieusement aux Étudiants de l'Université « les privilèges dont ils jouissent avec le corps de l'Université dont ils sont « membres, et plus nous devrons rendre ses privilèges respectables. Vous « savez, Messieurs, que les spectacles ne sont tolérés que comme un délas- « sement, mais qu'il est dangereux d'en inspirer le goût aux jeunes gens au « commencement de leur carrière..... Nous sommes encore instruits que cette « espèce d'incorporation des Étudiants a introduit l'usage de faire des levées « de deniers par forme de cotisation entre eux pour la célébration de ser- « vices à l'intention de ceux qui meurent pendant le cours de leurs études, « que ces cotisations sont ordinairement de 24s par chaque Étudiant ; cette « cotisation pouvant être répétée plusieurs fois s'il meurt plusieurs Étu- « diants, dégénérée dans une taxe réelle et onéreuse qui diminue l'aisance « de chaque écolier et présente une levée de deniers sans participation de « l'autorité, extrêmement abusive, et dont les pères et mères des jeunes gens « taxés se sont plaints quelquefois. Nous ne vous laisserons pas ignorer, « Messieurs, que le Roi a pris connaissance, dans son Conseil, de tous ces « abus, et qu'il se repose sur votre prudence du soin de restreindre tous « les privilèges des Étudiants en droit dans l'ordre et dans la règle des « lois. » A ces causes, a, ledit Procureur général du Roi requis qu'il y fût pourvu sur ses conclusions qu'il a laissées par écrit ; icelui retiré, ses conclusions vues, ouï le rapport de Maître de Caradeuc de Kerauroy, conseiller doyen de la Cour, et sur ce délibéré :

« La Cour, faisant droit sur les remontrances et conclusions du Procu-

On élut Prévôt le sieur Poullain du Parc [1], bachelier en droit, et on nomma de plus 12 commissaires pour travailler concurremment avec lui au recouvrement de nos privilèges. Mrs les Professeurs, consultés à ce sujet, furent d'avis qu'il falloit attendre un temps plus opportun. On ne sait s'il fut fait d'autres poursuites, ni quel fut leur sort, le sieur du Parc s'étant absenté sans nous en rendre compte.

« Depuis ce temps, il ne se passa au Droit rien d'intéressant, jusqu'au moment où toute la France en larmes se mit en prières pour la conservation des jours de son monarque.

« Les Étudiants en Droit joignirent leurs vœux à ceux

cureur général, fait défense aux Étudiants en droit de former aucunes assemblées générales, sous aucun prétexte, hors la présence de leurs professeurs et pour écouter leurs leçons seulement et dans le cas où le Sénéchal de Rennes fera les appels des Étudiants prescrits par l'Arrêt de la Cour du 23 février 1736 ; fait pareilles défenses auxdits Étudiants de faire aucune ellection de Prévôt, Greffier ou d'aucun autre officier, sous aucune dénomination que ce soit, de distribuer entre eux aucuns billets pour être présentés aux spectacles qui seront donnés dans cette ville et s'en procurer l'entrée gratuite, de faire aucune assemblée pour réparation de privilèges, sauf à chacun des Étudiants à faire telle réclamation qu'il croira de justice par devant le Sénéchal, juge conservateur desdits privilèges, lorsqu'il leur sera donné atteinte ; fait défense auxdits Étudiants d'arrêter aucune levée de deniers entre eux, pour quelque cause et sous quelque prétexte que ce soit, soit de célébration de services, ou autrement, à peine pour les contrevenants d'être poursuivis à la requête dudit Procureur général du roi ; ordonne au surplus que tous les Arrêts et Règlements concernant l'ordre et la règle à observer par les Étudiants en droit seront exécutés dans toutes les dispositions auxquelles il ne sera pas dérogé par le présent Arrêt, lequel sera enregistré au greffe de la conservation des privilèges de l'Université de Rennes, et que lecture en sera donnée, à l'ordre dudit Sénéchal, juge conservateur des privilèges de l'Université, lors du premier appel qu'il fera des Étudiants, en exécution de l'Arrêt de la Cour de 1736. *(Registres secrets*, 1772.)

[1] Poulain, sieur du Parc (Augustin-Pierre-Claude), né à Rennes, le 27 novembre 1752, fils du fameux professeur;—avocat au Parlement de Bretagne, commissaire national ;—député suppléant à la Convention ;—employé dans les bureaux de la marine, mort à Paris en 1808.

de tous les citoyens, et firent célébrer pour le rétablissement de S. M. une messe solennelle dans l'église des Cordeliers, à laquelle ils se rendirent en corps, les bedeaux à leur tête.

« MM. les professeurs qu'on avoit priés d'y assister s'y trouvèrent aussi.

« *Du 10 décembre 1774.*

« Déjà la renommée publioit par toute la France le retour tant désiré des Parlements ; déjà l'on savoit que les lettres de cachet des cinq illustres exilés étoient levées.

« MM. les Bacheliers convoquèrent l'assemblée des Étudiants au lieu ordinaire de leurs délibérations, et dirent qu'il convenoit de nommer un Prévôt qui pût les représenter et porter la parole en leur nom, dans les beaux jours qui commençoient à luire. Sur ce délibérant, MM. les Étudiants en droit élurent Prévôt, par la voie du scrutin, le sieur Glain de Saint-Avoy, bachelier en droit.

« *Du 12 décembre 1774.*

« MM. les Étudiants en Droit assemblés au lieu ordinaire de leurs délibérations, aux fins d'affiche du jour précédent signée Glain, Prévôt, environ les 11 heures du matin, M. le Prévôt dit qu'on lui avoit assuré que MM. les Procureurs généraux devoient arriver dans le jour, et proposa d'aller au-devant d'eux ou de les attendre à leur hôtel pour les complimenter.

« Il fut arrêté qu'on iroit à cheval au-devant d'eux, en plus grand nombre que faire se pourroit.

« Les Étudiants partirent en conséquence à une heure après-midi, au nombre de plus de 40, les autres n'ayant point trouvé de chevaux. On ne rencontra point ce jour-là MM. les Procureurs généraux, et on continua la route jusqu'à Montauban [1] où on passa la nuit.

[1] Montauban, arrondissement de Montfort, à près de 10 lieues de Rennes.

« Le lendemain, sur la foi d'un courrier qui annonça que M. de La Chalotais étoit sur le point d'arriver, on monta à cheval et on s'avança à une lieue, où M. le Prévôt eut l'honneur de prononcer le compliment suivant à M. de La Chalotais :

« COMPLIMENT DE MM. LES ÉTUDIANTS EN DROIT A M. DE LA CHALOTAIS.

« Monseigneur,

« Qu'il est flatteur pour moi d'être, en ce beau jour, choisi par les Étudiants en Droit pour être l'organe de leurs sentiments !

« Nous avons vu avec admiration votre héroïque vertu repousser avec une constance et une fermeté inébranlables les assauts réitérés de la calomnie. Vous avez trouvé dans vos malheurs un lustre à votre gloire [1]. Vos illustres confrères rendus à leurs fonctions suspendoient nos larmes ; mais la patrie crut toujours son bonheur imparfait, tandis qu'on ne vous rendroit pas justice. Vous avez su sans doute avec quelle ardeur elle vous redemandoit. Et nous, jeunes citoyens destinés à la servir un jour, nous que vous avez toujours honorés de votre bienveillance, quels vœux ne fîmes-nous pas pour votre rappel à une place où nos cœurs n'ont cessé de vous voir ? Avec quelle douleur amère ne vîmes-nous pas le renversement universel des lois ? Le premier sentiment de l'injustice, frappant nos jeunes cœurs, vint y verser un poison décourageant. Enfin un nouveau jour luit ; la source de nos larmes est tarie ; un roi juste et bienfaisant

[1] Cette phrase, en interligne, et d'une autre écriture, remplace ces lignes raturées avec soin et pourtant lisibles encore : « Nouveaux Socrates, prêts à boire la ciguë, et, j'en frissonne encore, prêts à subir la mort la plus ignominieuse, dont votre génie plus fort vous sauva et conjura l'orage qui menaçoit votre tête ; il parut s'apaiser. »

vous rend à nos vœux. Quelle gloire pour ce jeune Titus de faire à son aurore triompher la vertu opprimée ! »

« M. de La Chalotais remercia le sieur Glain et le pria de témoigner à ses confrères toute la reconnoissance dont il étoit pénétré.

« Les Étudiants accompagnèrent la voiture de cet illustre magistrat jusqu'à Rennes, où il entra au milieu des acclamations de tout le peuple.

« Le lendemain, on alla à l'hôtel de M. de La Chalotais pour le saluer au nom du corps, ainsi que M. de Caradeuc, son fils.

« De là, on se transporta chez M. du Parc-Porée [1], avocat général; ensuite, chez M. le Premier Président pour les saluer également au nom du Corps et leur témoigner la joie que nous ressentions de leur retour. »

« *Du 18 décembre 1774.*

« MM. les Étudiants en Droit assemblés dans la forme ordinaire, M. le Prévôt remontra que Mgr de Penthièvre étoit arrivé et que Mme la Princesse de Lamballe devoit arriver le même jour. L'Assemblée délibéra d'aller en corps les complimenter. »

« COMPLIMENT DE MM. LES ETUDIANTS EN DROIT A MONSEIGNEUR LE DUC DE PENTHIÈVRE, PRONONCÉ LE 18 PAR M. GLAIN, PRÉVOT [2].

« Mon Prince,

« L'éloge du prince tient au bonheur des sujets, et le peuple n'est heureux que par le choix du monarque. Vos vertus vous font notre chef. Leur connoissance est un rayon

[1] Porée, seigneur du Parc (Louis-René-François), avocat général, reçu au Parlement le 3 décembre 1740 ; relégué à sa terre de Chandebeuf, près Fougères, depuis le 13 décembre 1766.

[2] « Ce compliment fut fait par M. Argentais, étudiant en droit. » *(Note marginale.)*

de plus à la gloire de notre jeune héros, leur ami, et un chaînon de plus pour nos cœurs abymés longtemps dans leur douleur. Ma patrie, cette portion fidèle et malheureuse de l'État, ouvre ses yeux languissants encore, vous reconnoît et se dit heureuse. Il ne manquoit plus que vous à son désir; elle vous possède; elle jouit et n'a plus rien à désirer. Destinés un jour à la servir, élèves d'une magistrature que vous protégez, nous allons désormais courir avec confiance la carrière épineuse des lois. Leur appui, si longtemps persécuté, nous est rendu. Leur ami nous est envoyé par un Roi qui ne veut régner que par elles. O Bretagne, réjouis-toi ; tu n'as rien perdu, tu n'as fait qu'attendre ! »

« COMPLIMENT PAR MM. LES ÉTUDIANTS EN DROIT A S. A. S. Mme LA PRINCESSE DE LAMBALLE, PRONONCÉ, LE 19 DÉCEMBRE, PAR M. GLAIN, PRÉVOT [1].

« Madame,

« S'il est flatteur de devoir à ses charmes tous les hommages d'une Cour délicate et brillante dont vous faites l'ornement, il est dur de s'éloigner d'un lieu qui soit seul digne d'y mettre le prix, et c'est le plus grand sacrifice dont une jeune princesse soit capable ; mais c'est à ce sacrifice même qu'on reconnoît éminemment les qualités de votre cœur et le mérite du tendre attachement qui vous unit au sort de notre illustre Gouverneur. En le suivant, vous suivez la vertu. En vous possédant, il possède les grâces, et vous êtes inséparables. Quel spectacle enchanteur pour la Bretagne ! Que toute la France nous porte actuellement d'envie ! Les Étudiants en Droit, frappés de la plus vive admiration, ne peuvent suffire à en exprimer les sentiments. C'est à vous, Madame, qui les causez, à en concevoir la force et les effets. »

[1] « Ce compliment fut fait par M. Loisel, bachelier en droit. »

« *Du 19 décembre 1774.*

« MM. les Étudiants en Droit assemblés suivant l'usage, M. le Prévôt dit qu'il convenoit de témoigner la joie que nous ressentions du rappel du Parlement par quelque ête publique. L'Assemblée arrêta en conséquence qu'il seroit fait un feu de joie sur la place du Palais ; que, pour rendre la fête plus solennelle, on distribueroit quatre barriques de cidre aux quatre coins de la Place, et qu'on gageroit des instruments pour faire danser le peuple. On arrêta de plus qu'il seroit distribué du pain aux pauvres dans la Cour des Écoles de Droit. Pour subvenir à toutes ces dépenses, on autorisa M. le Prévôt à faire une levée de 3 # par tête sur chaque Étudiant, avec injonction expresse de refuser des billets de comédie à ceux qui ne voudroient pas se soumettre à cette taxe.

« On pria dans la même assemblée M. le Prévôt de faire toutes les demandes nécessaires pour le recouvrement de nos privilèges. »

« *Du 25 janvier 1775.*

« MM. les Étudiants en Droit assemblés en nombre compétent suivant l'usage, M. le Prévôt donna lecture de la Requête présentée au Parlement, tendant à faire rapporter les jugements qui avoient supprimé nos Registres.

« COPIE DE CETTE REQUÊTE.

« A Nosseigneurs du Parlement.

« Supplient humblement les Étudiants des Facultés des Droits de la ville de Rennes.

« Disant qu'ils ont l'honneur de vous représenter que leur privilège d'entrer librement et sans payer, au nombre de 13, à tous les spectacles est aussi ancien que l'établissement même des Universités.

« Les Étudiants en Droit des Facultés de Rennes ont

peut-être cet avantage sur tous les autres que, voulant se former de bonne heure aux usages des compagnies pour lesquelles ils se destinent, ils ont établi entre eux une sorte de discipline ; et sans créer un nouveau corps politique et séparé, et sans prétendre s'arroger le droit de faire des règlements, ils ont cru pouvoir tenir des assemblées, comme membres de l'Université dont les Facultés ont leurs assemblées particulières.

« Le Prévôt qu'ils élisent y préside, et le Greffier qu'ils choisissent inscrit leurs délibérations.

« Ils ont cet avantage, Nosseigneurs, que depuis 1756 qu'ils ont établi cette sorte de discipline, utile pour les maintenir dans l'union et empêcher les plaintes trop fréquentes pendant que l'Université étoit à Nantes, vous n'avez reçu aucune plainte de l'usage qu'ils ont fait de cette discipline.

« Elle n'a paru suspecte que dans les temps de trouble où ils ont marqué leurs désirs et leurs vœux pour le retour de la justice et des lois.

« En 1767, les Étudiants dans les Facultés de Rennes ne laissèrent échapper aucune occasion de déclarer leurs sentiments pour votre retour, Nosseigneurs, qui devoit être celui de la justice souveraine dans la Province. Celui qui avoit emprunté le ministère de censeur public des mœurs ne pouvoit pas manquer de nous faire éprouver les effets de son ressentiment, et ils tombèrent alors sur notre Registre, parce que les délibérations qu'il contenoit sembloient contraires à la justice empruntée qui gouvernoit alors la Province suivant des lois arbitraires.

« Il fit une remontrance, et notre Registre fut supprimé au Greffe.

« L'autorité des lois reparut un moment, mais, privée d'un de leur principal ministre (*sic*), elle ne pouvoit pas subsister longtemps.

« Cependant, M. l'Avocat général du Parc-Porée, dont les vues n'étoient pas celles de M. Le Prêtre, après avoir examiné, avec son exactitude ordinaire, toutes les délibérations inscrites sur notre Registre, fit ordonner par Arrêt du 14 août 1769 qu'il nous seroit rendu ; mais notre amour ardent et notre dévouement respectueux aux vrais magistrats devoit participer et suivre leur sort.

« Les lois et les magistrats furent bannis en 1771, sans que ce second événement pût apporter aucun changement à nos sentiments et que l'amour de la patrie et des magistrats qui en soutiennent si dignement les franchises et libertés, ait souffert aucune diminution dans nos cœurs. La plus légère espérance les a fait éclater dans toutes les occasions. M. le Duc de Chartres ayant passé à Rennes, nous osâmes unir nos vœux à ceux de toute la Province. Nous eûmes l'honneur de les lui adresser, et quoique notre supplique ne contînt que les expressions des cœurs toujours soupirants pour le bien public, cette seule démarche détermina M. de Grimaudet à se rendre opposant à l'Arrêt qui nous avoit rendu notre Registre, et par un Arrêt du 22 août 1772, il a été de nouveau supprimé.

« Cet Arrêt parut si important à toute la magistrature, qu'à l'Assemblée des Chambres du 17 décembre suivant, on manda M. Ménardeau faisant fonction d'Avocat général, et M. le Président de Langle lui demanda si l'Arrêt avoit été exécuté. On lui fit les injonctions les plus expresses de le faire exécuter.

« Les Étudiants dans les Facultés de Rennes ont été moins sensibles aux poursuites rigoureuses du sieur Ménardeau qu'au chagrin de voir le sieur de Coniac, alors sénéchal de Rennes, juge conservateur de leurs privilèges, venir lui-même accélérer l'exécution d'un Arrêt qui supprimoit un Registre pour la chiffrature duquel il n'avoit pas dédaigné d'exiger 3 #, et leur interdire l'entrée libre et gratuite à tous les spectacles.

« Ces privilèges, Nosseigneurs, et la liberté de notre Registre, attachés si inviolablement au sort des lois, doivent en partager la gloire.

« Nous réclamons notre Registre et l'entrée libre et gratuite au nombre de 13 à tous les spectacles, pour perpétuer à nos successeurs la gloire de notre triomphe. Ces sentiments sont trop justes, ils sont trop conformes à la protection et aux marques de bonté dont vous nous avez honorés, pour craindre que notre demande soit infructueuse.

« Ce considéré,

« Qu'il vous plaise, Nosseigneurs, mander le Procureur soussigné avec M. le Procureur général du Roi pour eux ouïs, être en tant que besoin l'Arrêt du 22 août 1772 rapporté ; en conséquence, ordonner que l'ancien Registre des suppliants leur sera rendu ; leur permettre de continuer de tenir Registre des élections de Prévôt, des délibérations qu'ils pourront prendre pour le maintien de leurs privilèges, spécialement des Arrêts rendus en leur faveur ; même les maintenir dans leurs privilèges de l'entrée libre et gratuite au nombre de 13 à tous les spectacles.

« Et ferez justice.

« Signé : Fonteneau et Glain, bachelier, faisant pour les Étudiants en Droit. »

Suivent plusieurs délibérations sans intérêt. On y voit, à la date du 8 mai 1775, le Prévôt autorisé « à demander l'audience à M. le Premier Président et à solliciter les juges, ainsi qu'à lever une somme de 24 sols sur chaque Étudiant pour subvenir aux frais d'impression de l'Arrêt que les Étudiants espéroient qu'il interviendroit en leur faveur. » Toullier, bachelier en droit, est élu Prévôt le 12 mai de la même année.

« Telles sont, Messieurs, les principales délibérations que nous avons prises depuis la suppression de nos Registres jusqu'au jour qu'ils nous ont été rendus par Arrêt de la Cour. J'ai tâché de ne rien omettre de ce qui peut être intéressant à nous et à nos successeurs.

« TOULLIER, Prévôt. »

Nous avons vu que l'Arrêt qui restituait aux Étudiants leurs privilèges et leur Registre, était du 10 mai 1775.

A partir de cette époque, l'Association continue de fonctionner régulièrement, sans que rien trouble sa sécurité.

IV

Mais son entente avec le Parlement, comme la popularité de ce grand corps, touchait à sa fin.

Le 21 juillet 1775, décidé qu'un reliquat de 29 ^{tt} 8 ^{s} 3 ^{d} restant en caisse sur les anciens comptes, « il en sera fait une libéralité en faveur de Duval, doyen de Bédeaux de la Faculté, » et Duval, appelé séance tenante, la reçoit.

« *4 août 1775.*

« Demain, après midi, on ira en corps complimenter celui de MM. les compétiteurs qui obtiendra définitivement la chaire de professeur en droit qui forme l'objet de leur concours [1]. M. le Prévôt et tous ceux qui feront des compliments les apporteront à l'École

[1] J'ai vu, en 1834, à l'École de Caen, le même honneur proposé en faveur du vainqueur d'un concours, par les Étudiants qui allaient désormais suivre ses leçons ; on se divisa, une partie voulant faire aussi une visite, qui ne pouvait être que de condoléance, à l'un des vaincus, déjà professeur suppléant, ce qui parut aux autres d'un goût douteux ; l'abstention prévalut.

de Droit, à neuf heures et demie du matin, pour, après examen et correction s'il est vu appartenir, être préféré celui qui sera jugé le meilleur. Décidé de plus que « le Prévôt et autres auroient à tenir prêt un autre compliment pour M. de Sartines, Ministre de la Marine, qui doit passer à Rennes de jour à autre. »

Dans cette même séance, une autre question plus délicate fut agitée.

Le nouveau Greffier en exercice, Decourbes, n'avait pas pris d'inscription depuis 18 mois, et quelques-uns prétendaient qu'un délai de 6 mois sans inscriptions suffisait pour entraîner la déchéance des privilèges de l'École. Decourbes répondait que cette déchéance n'étoit fondée que sur une présomption de renonciation aux études de droit et à leur objet; qu'il n'avoit jamais interrompu les siennes, qu'il n'avoit cessé de prendre part à toutes les Assemblées, à toutes les contributions de l'École; et que ses droits avoient été ainsi reconnus ; que des affaires de famille et « le désir de se faire recevoir avocat sous des auspices plus heureux que ceux des temps qui venoient de s'écouler [1] » l'avaient seuls empêché de se faire recevoir avocat jusque-là. Il demandait que l'Assemblée se prononçât formellement sur sa *capacité*, offrant sa démission pour le cas où elle ne serait pas reconnue.

[1] Cette raison peut paraître un peu singulière ; n'aurait-on pu lui répondre avec La Fontaine :
« Vos scrupules font voir trop de délicatesse. »
Ou bien encore avec Molière :
« Voyons, Monsieur, *le temps* ne fait rien à l'affaire ! »

« Sur tout quoi, MM. les Etudiants en droit délibérant, ont arrêté que rien ne pouvoit suppléer au défaut d'inscriptions, et que leurs anciennes délibérations devoient avoir à ce sujet leur entière exécution ; mais qu'ayant égard à la faveur des circonstances ci-dessus exposées, surtout à celle résultant de la suspension des fonctions du Parlement, le retour duquel le sieur Decourbes attendoit pour prêter le serment d'avocat sous des auspices plus heureux, ils veulent bien déroger en sa faveur seulement et, sans que la présente délibération puisse être tirée à conséquence pour l'avenir en faveur d'aucun autre, lever, en tant que besoin, l'incapacité résultant du défaut d'inscriptions, le confirmer dans tous les droits et privilèges de l'École et conséquemment dans la nomination qui en a été faite pour la place de notre Greffier [1]. »

Voici le compliment au vainqueur du Concours, proposé par le prévôt Kernellec, et adopté par ses camarades :

« Interprète fidèle des Étudiants en droit, mes confrères et vos nouveaux élèves, permettez-moi de faire éclater leur satisfaction. Nous avons vu, avec une tendre admiration, vous décerner, au bruit des acclamations unanimes, le prix glorieux de vos talents précoces et d'un mérite prématuré. Nos vœux se joignoient depuis longtemps à la voix publique pour les voir couronner. Ils sont exaucés, ces vœux. Les cris, décourageant ce prix [2], qu'il vous étoit réservé d'étouffer, des compétiteurs éclairés, familiers avec les lois, même avant que vous naquîtes, sembloient, Monsieur, devoir effrayer votre jeunesse et n'ont fait qu'embellir votre triomphe. Ce triomphe est un aiguillon pour nos jeunes cœurs ; mais ce n'étoit pas assez

[1] Decourbes fut même nommé Prévôt quelques jours après.

[2] Il doit y avoir ici une erreur de transcription sur le Registre.

pour vous d'être à quatre lustres notre modèle, vous devenez encore un de nos guides dans le dédale des lois. Vous en avez déjà sondé la profondeur terrible, dans cet âge heureux où l'homme commence à peine à penser. Le germe du génie n'attendit jamais, pour se développer en vous, la longue progression des années. Intéressés par plus d'un titre à votre victoire, puissions-nous jouir longtemps des fruits heureux que nous nous en promettons! Votre nouvelle place nous donne aussi des droits sur votre amitié. Ils nous sont trop précieux pour ne pas les réclamer instamment. »

M. de Sartines, de son côté, reçut en plein visage le compliment suivant [1] :

« Monseigneur,

« Le sort d'une monarchie est dans les mains des ministres qui la gouvernent. Si l'exercice du pouvoir qui leur est confié ne répond pas aux vues du monarque, son autorité devient impuissante, ses meilleures intentions demeurent inefficaces et l'arbitraire remplace le pouvoir régulier. La nation, convaincue de cette vérité par une fatale expérience, cherchoit, d'un regard inquiet, un Sully à côté de son nouveau Henri, et déjà le nommoit. Son choix reçut bientôt le sceau du prince, et la partie la plus critique du Gouvernement vous fut confiée.

« Louis XV respecta vos services et vos talents, et son petit-fils les a récompensés en les employant d'une manière plus glorieuse pour vous et plus utile pour l'Etat. Que ne doit-on pas attendre d'un ministre dont l'élévation a pour époque le règne de l'équité ? Digne associé des travaux militaires de Louis, rendez-le aussi redoutable à ses ennemis qu'il est cher à son peuple, et les Étudiants en droit, avec le reste de l'État, joindront la plus vive reconnoissance au respect profond dont ils sont pénétrés pour vous. »

[1] « Fait par M. Decourbes, prévôt. »

19 mars 1776.

Arrêté qu' « à l'avenir, aucun Étudiant ne participera à aucuns privilèges quelconques à moins d'être inscrit dans le trimestre lors courant, et ne pourront lesdits privilèges s'étendre au delà de six mois... Que les Étudiants qui font leur droit par bénéfice d'âge, en présentant au Prévôt un certificat du Greffier de la Faculté de leur dernière inscription, jouiront des privilèges accordés au Corps pendant six mois. »

15 avril 1776.

Grande émotion dans l'Ecole. Le sieur Macé, étudiant par bénéfice d'âge, a été appelé au tirage au sort, malgré « le privilège, aussi ancien que les Universités, qu'ont les Étudiants d'être exempts pendant le cours de leurs études. » Des démarches seront faites auprès du Doyen de la Faculté et de l'Intendant pour obtenir le maintien d'un privilège « aussi sacré que juste. » L'Intendant accorde en effet l'exemption, et des députés lui sont envoyés pour le remercier.

7 mai 1776.

Compliment à M. d'Aubeterre, nommé commandant de la Bretagne, et à Mme d'Aubeterre [1], « près de laquelle tout le monde éprouve ce charme heureux, ce charme impérieux de l'esprit, qui

[1] Mme d'Aubeterre, née de Jonzac ; — nièce du Président Hénault ; — mariée, en 1738, à 18 ans, au marquis d'Esparbès de Lussan d'Aubeterre ; — petite et assez jolie ; — morte sans postérité.

commande à tous les cœurs, qui les ravit sans effort et pour toujours. »

« M. et Mme d'Aubeterre remercièrent MM. les Étudiants en droit et les assurèrent qu'ils désiroient l'occasion de leur être utiles.

« M. d'Aubeterre invita à dîner, quelques jours après, M. Loncle, Prévôt [1]. Il accepta, et, au milieu de plus de cent convives distingués, il reçut des politesses et des marques d'estime singulières. Le lendemain, M. Loncle pria M. de Caud [2], capitaine des gardes de M. d'Aubeterre, de témoigner à ce dernier la reconnoissance des Étudiants en droit, pour l'honneur fait au Corps dans sa personne. »

Novembre 1782.

Poullain du Parc (Augustin-Marie) meurt le 14 octobre 1782 [3], après avoir honoré le barreau et l'Ecole de droit de Rennes par ses savants ouvrages et ses excellentes leçons. « L'Assemblée est unanimement d'avis de témoigner les regrets de sa perte par la célébration d'un service solennel ; en conséquence, elle a arrêté qu'il seroit fait une imposition de 3 ₶ sur chacun de ses membres, et afin qu'aucun d'eux

[1] Loncle des Alleux (Pierre-Mathurin), du diocèse de Saint-Brieuc ; plus tard professeur agrégé à la Faculté de Rennes.

[2] De Caud ; fils de Pierre-Julien Caud, sieur du Basbourg, avocat au Parlement, et de Jeanne-Rose Baconnière ; né à Rennes en 1727 ; —avocat lui-même au Parlement ; — plus tard officier et capitaine, pendant vingt-deux ans (1766-1788), des gardes du commandant de la Province ;—marié le 2 août 1796, à Lucile de Châteaubriand, sœur de l'illustre écrivain ; — mort le 15 janvier 1797.

C'est à M. Saulnier, qui connaît si parfaitement l'histoire des familles de Bretagne, que nous devons cette note et presque toutes nos autres indications biographiques.

[3] Et non pas en 1784, comme le dit la *Biographie Michaud*.

ne puisse se refuser à un devoir aussi sacré, qu'il seroit mis requête en la Cour pour la supplier d'homologuer la présente, et autoriser M. Richard de la Bourdelière, greffier des Facultés, à percevoir, par chaque Étudiant qui se présentera pour s'inscrire dans le courant du présent trimestre, ladite somme de 3 ₶ en sus du prix ordinaire de leurs inscriptions, à la charge d'en tenir compte aux Prévôts de MM. les Étudiants et à leur réquisition. » (Novembre 1782.)

Il résulte d'une délibération postérieure (27 mai 1783), que la perception de cette contribution aurait été faite directement par les Prévôts et se serait élevée à 249 ₶ ; ce qui suppose 83 Étudiants souscripteurs, sans compter ceux qui auraient pu rester en dehors, soit une centaine environ d'étudiants inscrits.

Les Étudiants n'en restèrent pas là de leurs hommages à la mémoire de leur vénérable professeur. Jollivet, leur Prévôt, fut chargé de prononcer son éloge devant la Faculté, ce qu'il fit le 4 juin, avec assez de succès pour que la transcription de son discours fût ordonnée sur les Registres de la Faculté et sur ceux de l'Association. (Délib. du 6 juin.)

Nous n'en possédons que le début qui, à distance, ne nous paraît guère justifier cet enthousiasme. Nous n'en citerons que cette paraphrase du fameux adage : *Cedant arma togæ* :

« ... De combien la carrière des lois ne l'emporte-t-elle pas même sur celle des armes, que la folle ambition des mortels peint comme la plus brillante à leur imagination trompée ? Dans la première, l'homme de loi distribue d'une main bienfaisante le repos et la tranquillité; dans la seconde, le guerrier cause partout le tumulte et le trouble... »

6 juin 1783.

Le Prévôt et 12 commissaires chargés d'aller complimenter M. Bory, promu du siège de Procureur du Roi au Présidial de Rennes, à celui de Président.

13 novembre 1785.

« Par reconnaissance des services rendus au corps des Étudiants en Droit par M. de La Chalotais, il lui sera fait un service et perçu sur les Étudiants la somme nécessaire pour frayer aux dépenses [1].

13 mars 1786.

« Après avoir délibéré sur l'importance qu'il y a de mettre à la tête du Corps des gens de condition honnête pour prévenir les abus qui pourroient [2] se glisser dans ces sortes d'élections, les Étudiants ont arrêté qu'à l'avenir tous les Étudiants qui aspireroient aux charges de Prévôt et de Greffier, auparavant d'être reçus à y prétendre, seront tenus de représenter leurs extraits baptistaires en dûe forme, même légalisés, dans laquelle légalisation le juge fera mention de la qualité, état et profession des

[1] La Chalotais mourut le 2 juillet 1785. « Ses parents et amis se présentèrent, selon la coutume, au Parquet, et demandèrent l'entrée du Parlement, qui leur fut accordée. L'Avocat général, Hercule du Bourgblanc, les présenta, en suppliant la Cour, en leur nom, d'assister aux obsèques qui furent célébrées, le 4 juillet, dans l'église de la paroisse Saint-Jean, en présence du Parlement et des Présidiaux. La ville entière fut en deuil » (*Hist. de Rennes*, p. 405.) Tous les ordres religieux (moins les Bénédictins) et le clergé de toutes les paroisses précédaient le corps.

[2] Le texte primitif portait : « *qui ont pu.* »

pères des aspirants, même de leurs lettres de bachelier, et qu'outre ils soient inscrits pour le trimestre courant. »

On retrouve ici ce qui paraît bien avoir été le caractère général de l'époque, les préjugés de *condition* aussi vivaces au sein du Tiers, pour la défense de ce qu'il considère comme de son intérêt ou de sa dignité, que l'est sa haine contre les préjugés de *caste* des autres Ordres [1], et prépondérant jusque dans les cœurs les plus jeunes et les plus ouverts aux aspirations philosophiques, sur le sentiment de

[1] Les sentiments exprimés ici par les Étudiants en Droit de Rennes, à la veille de la Révolution, étaient ceux du Barreau. Une délibération de l'ordre des Avocats au Parlement de Bretagne, du 17 mars 1753, contient entre autres ce passage : «... Que d'un autre côté, la translation des Facultés de Droit à Rennes a eu le sort de bien d'autres établissements qui, quoique très avantageux, ne sont pas sans quelque inconvénient ; que celui qui résulte de cette translation est qu'elle procure trop de facilités à des gens d'un état vil et abject, qui sans cela n'auroient jamais pensé à sortir de leur sphère ni à devenir avocats, et que si on les inscrivoit indifféremment sur le tableau, il se trouveroit par suite inondé de sujets mercenaires qui n'ayant point eu l'éducation convenable, n'auroient point aussi les qualités ni les sentiments propres à un avocat ....

L'Ordre a arrêté qu'à l'avenir on n'admettra point au tableau.... ceux dont les pères auront exercé un art mécanique ou quelque autre état bas et réputé tel, etc. » (*Le Barreau du Parlement de Bretagne au XVIII° siècle,* par M. Frédéric Saulnier. Paris-Nantes, 1856, in-8°, p. 8. Extrait de la *Revue des Provinces de l'Ouest,* 3e année.)

Pendant l'impression de cette Etude, nous avons pu relever, chez notre ami et collègue M. de Kerdrel, dans un Dictionnaire de l'Administration de la Bretagne qu'il possède manuscrit, une note qui prouve que la translation des Facultés de Droit à Rennes avait donné lieu à des réclamations d'un autre genre. Un certain nombre d'élèves et leurs familles, se prétendant lésés par cette translation, s'adressèrent à l'Intendant de Bretagne pour obtenir des indemnités. Leur requête fut rejetée.

« Ce qu'on aperçoit surtout dans tous les actes de la bourgeoisie, c'est la crainte de se voir confondue avec le peuple, et le désir passionné d'échapper par tous les moyens au contrôle de celui-ci. » (TOCQUEVILLE, l'*Ancien Régime et la Révolution,* p. 139.)

l'égalité véritable qui ne demande point aux gens d'où ils viennent, mais ce qu'ils sont ; de même que c'est pour la défense de leurs privilèges et non de la liberté générale que se sont engagées et qu'ont été soutenues ces luttes parlementaires [1] et ces résistances de l'École, dont la liberté fera cependant son profit.

La Révolution approchait à grands pas. Le déficit, toujours croissant, nécessitait des réformes, et ces réformes que la Royauté voulait tenter, trouvant dans les Parlements une résistance invincible, la convocation des États généraux devint la seule ressource. Les Parlements furent les premières victimes de leur opiniâtreté, et l'opinion publique, après les avoir vivement soutenus une dernière fois dans leur résistance contre le Gouvernement, ne tarda pas à se tourner contre eux avec une égale violence.

Un Édit du 8 mai 1788 « ensevelit les Parlements » dans les réformes suivantes, la plupart excellentes : « Suppression des chambres des enquêtes et des requêtes ; abolition des tribunaux d'exception ; limitation du ressort des cours souveraines par la création de cours inférieures ; remaniement de l'ordonnance criminelle dans un sens favorable aux accusés ; institution d'une cour plénière, composée de seigneurs, d'évêques, de conseillers d'État

[1] « Les Parlements étaient sans doute plus préoccupés d'eux-mêmes que de la chose publique ; mais il faut reconnaître que, dans la défense de leur propre indépendance et de leur honneur, ils se montraient toujours intrépides et qu'ils communiquaient leur âme à tout ce qui les approchait. » (Le même, p. 172.)

et de Messieurs de la Grande Chambre du Parlement de Paris, chargée de l'enregistrement des lois. »

Soulèvement unanime dans le monde parlementaire.

Le Parlement de Bretagne n'avait pas même attendu la promulgation de l'Édit pour élever la voix. Dès le 5 mai, « il déclarait protester contre « toute loi nouvelle qui pourrait porter atteinte aux « lois constitutives du royaume,... aux droits, fran- « chises et libertés de la province de Bretagne en « particulier,... aux droits de la magistrature essen- « tiellement liés à ceux de la nation,... contre toute « transcription illégale sur ses Registres [1]. »

La Noblesse et la Commission intermédiaire des États s'empressèrent d'adhérer à cette protestation. Tous les Corps publics, les Facultés de Droit, le Conseil des Avocats, les Procureurs au Parlement suivirent cet exemple. La foule assiégeait les portes du Palais, applaudissant avec fureur chaque députation au passage.

Le 10, le comte de Thiard, nouveau Gouverneur de Bretagne, accompagné de l'Intendant, forçait, à la tête d'une compagnie de grenadiers, l'entrée de la grande salle du Parlement, faisait enregistrer d'autorité les Lettres Patentes, puis, rompant la séance, intimait aux magistrats, dont l'attitude était restée admirablement digne, l'ordre de se retirer chez eux.

1 *Hist. de Rennes*, p. 406 ; — DU CHATELLIER, T. I, p. 30 ; — PITRE CHEVALIER, p. 172.

Cette scène avait été précédée et fut suivie de désordres et de collisions.

Le Prévôt de l'École en ce moment était Moreau (Joseph-Victor) [1], devenu bientôt si célèbre. Agé de 27 ans, ayant déjà servi comme volontaire avant d'entrer à l'École, dépensant au café le prix de ses inscriptions, arbitre dans toutes les querelles, dans les plaisirs et les manifestations, d'un courage bouillant et d'un sang-froid imperturbable, il exerçait sur ses camarades un ascendant extraordinaire.

1 La première inscription de Moreau, pour le double droit, sur les Registres de l'École, est du 16 novembre 1782 ; il y prend — cette fois seulement — le nom de Moreau de Lizoren. Les autres sont aux dates des 20 avril et 20 novembre 1783, 30 avril 1784, 31 juillet et 30 novembre 1785, 30 janvier et 30 juillet 1786. Le 13 novembre 1786, il prend une inscription Pour le droit français. C'est la première et la dernière. On voit qu'il suivait bien irrégulièrement ses cours.

La prise de ces inscriptions coïncide presque toujours avec celles de son frère, ce qui semble indiquer entre eux une certaine communauté d'habitudes et de vie.

Sa première signature sur le Registre de l'Association est du 24 décembre 1782; la suivante, du 22 août 1785. Le 20 octobre suivant, il signe Moreau l'aîné, et le 13 novembre, à côté de la signature MOREAU l'aîné, on lit celle de MOREAU le jeune (Jean-Marie-François).

La première inscription de celui-ci est du 22 novembre 1782.

Toute cette partie de la vie du Général est travestie dans la notice que lui a consacrée M. Nettement dans le *Plutarque français ;* il confond les années, 1787 et 1788, et prête à Moreau un rôle de politique et de diplomatie tout de fantaisie.

Moreau le Jeune, que la gloire de son aîné a quelque peu éclipsé, était né à Morlaix, le 6 octobre 1764. Il suivit la carrière du droit et de la magistrature. Poursuivi avec son père, qui monta sur l'échafaud le 31 juillet 1794, il en fut quitte pour une détention de six mois. A sa sortie de prison, il dénonça énergiquement à la barre de la Convention les atrocités de la Terreur. Membre du Tribunat, il s'y honora par la manière dont il y défendit son frère. Sous la Restauration, il fut administrateur des postes, député, sous-préfet. Il mourut en 1849, laissant le souvenir d'un esprit aimable et cultivé. (*Biographie Bretonne.)*

Il semble bien qu'à partir de ce moment, ils soient, sous sa direction, descendus dans la rue et qu'ils aient continué, l'épée ou la canne à la main, la guerre commencée avec la parole et la plume, car il est déjà désigné sous le nom de *Général du Parlement* [1].

Le 7, ils déposaient et signaient, devant les Chambres assemblées, l'adhésion suivante :

« Nous déclarons ne reconnaître pour vrais magistrats du Parlement de Bretagne que les dépositaires de notre protestation ; que la Cour, qui a reçu dans son sein les gages de notre fidélité pour le Roi et de notre attachement aux lois constitutionnelles de l'État, sera le seul tribunal où nous jurons d'exercer, avec toute la délicatesse et l'honneur dont est susceptible la profession à laquelle nous nous destinons ; que nous regarderons comme indignes de posséder aucune charge de la magistrature et d'exercer la profession importante d'avocat, ceux qui, contrairement au présent arrêté, prêteraient le serment devant les tribunaux de nouvelle création. »

La Cour recevait ce serment [2]; elle accueillait tout ce qui pouvait la soutenir, même la sédition.

Les Étudiants vont plus loin, et, par une circulaire rendue publique, ils invitent les autres Universités à suivre leur exemple.

« *21 mai 1788*,

« Monsieur le Prévôt, j'ai l'honneur de vous adresser, « conformément à une délibération de mes confrères,

[1] BEAUCHAMP, *Vie politique, militaire et privée du général Moreau*, 1814, in-8°, p. 6.
[2] *Histoire de Rennes*, p. 410.

« copie d'un Arrêté que nous avons pris relativement aux « maux dont le Royaume est menacé.

« L'ordre des Avocats suspendra sûrement toute fonc« tion devant les magistrats qui seraient assez lâches pour « renoncer au plus beau de leurs droits (l'enregistrement). « A leur exemple, nous avons cru devoir nous refuser à « prêter le serment d'être fidèles aux lois de notre pays, « devant des hommes qui concourraient à leur destruction, « après avoir juré d'en être les défenseurs ou les organes.

« MOREAU, Prévôt des Étudiants en droit
« de Rennes [1]. »

Pendant ce temps, le Parlement protestait, et quelques-uns de ses membres étaient arrêtés. Les États de Bretagne protestaient, de leur côté, contre l'introduction dans la ville de Rennes, des nouvelles troupes que le Gouverneur y appelait, une disposition de la Constitution leur conférant toutes les mesures à prendre pour le casernement des troupes [2], et envoyaient à Versailles députation sur députation. L'Évêque de Rennes, promoteur de prières publiques pour détourner de la Province le fléau qui la menaçait, était lui-même mandé en Cour et menacé d'arrestation. Des défis et même des collisions éclataient entre la population et les soldats, entre les

[1] PITRE-CHEVALIER, p. 177 ; — DU CHATELLIER, p. 50 ; — *Précis historique de ce qui s'est passé à Rennes depuis l'arrivée de M. le comte de Thiard, commandant en Bretagne* (par A. du Couëdic), 203 p. in-8°, *s. l. n. n. n. d.* plusieurs éditions ; — Barthélemy POCQUET. *Le Parlement de Bretagne en 1788 ;* excellente étude publiée dans la *Revue de Bretagne et de Vendée, 1882,* depuis l'achèvement de notre travail.

Le Parlement de Bretagne avait donné, en 1765, à la jeunesse des écoles, le fâcheux exemple de cet appel à une sorte de fédération entre des corps indépendants et distincts les uns des autres. (Abbé BOSSARD, p. 14.)

[2] DU CHATELLIER, p. 51.

nobles et les officiers. Tout semblait se préparer pour une véritable guerre civile.

La Royauté céda encore une fois. Les Parlements furent rétablis, et les magistrats bretons qui avaient été arrêtés, non seulement furent remis en liberté, mais reçurent devant le Parlement de Paris lui-même de véritables ovations[1]. C'étaient autant d'insultes à la majesté royale ; mais déjà, et au milieu même de l'ivresse de son triomphe, des hostilités sourdes, des libelles anonymes, des réserves menaçantes, principalement en Bretagne, devaient faire comprendre à la magistrature, qui n'avait jamais usurpé que sur la faiblesse, que le moment approchait où le Tiers allait usurper sur la sienne [2].

Voici le discours adressé au Parlement au nom des Étudiants par Moreau, leur Prévôt, le 8 octobre 1788, dont l'original, écrit de sa main, se trouve aux Archives de la Cour de Rennes :

« Messieurs,

« Les Bretons n'ont plus rien à désirer : à la plus funeste subversion succède enfin le calme. La joie que nous avons ressentie de la chute des ennemis de la nation n'était que passagère ; votre retour pouvait seul la rendre durable.

[1] Du Chatellier, p. 65 ; — etc.

[2] Suivant du Châtellier (p. 72), un des premiers actes du Grand Bailliage, institué en remplacement du Parlement, à cette époque (Juin 1788), aurait été de prendre des mesures contre l'Association qui, prenant sa revanche un peu plus tard, aurait exigé le renvoi, hors du bailliage, de l'Avocat général Ménardeau. Il y a ici confusion : c'est en 1772 que Ménardeau avait requis contre l'Association.

« Privés de vos fonctions importantes, Messieurs, pour avoir défendu avec courage les droits de la France, Elle gémissait de votre éloignement et ne cessait de s'en plaindre.

« Mais l'accès du trône paraissait impossible. Nos oppresseurs punissaient comme coupables des plus grands crimes les porteurs des plus justes réclamations ; enfin, pour réussir dans leurs projets désastreux, ils avaient osé suspendre la justice : mais elle existait dans le cœur du meilleur des rois qui nous rend enfin ses oracles.

« Nos vœux sont remplis, Messieurs, certains que la nation assemblée garantira désormais les généreux défenseurs de nos privilèges des coups que voudrait encore leur porter un ministère despotique.

« MOREAU, Prévôt du Droit. »

V

Quelques mois plus tard, en effet, (décembre 1788), la situation était changée et les rôles complètement intervertis. Les États provinciaux avaient été réunis à Rennes, prélude aux États Généraux. Les représentants du Tiers s'y rendaient avec le mandat impératif d'exiger : 1° « Que dans la tenue des États il fût voté, « sur toutes matières quelconques et dans tous les « cas, par tête et non par Ordre ; 2° que, dorénavant, « tous les impôts, tant réels que personnels, fûssent « supportés d'une manière égale et proportionnelle « par les trois Ordres ; les députés du Tiers devant « s'abstenir de délibérer sur toutes demandes du « Roi sur toutes affaires quelconques, avant qu'ils

« eûssent obtenu justice sur les deux chefs précités[1]. » D'un autre côté, un des premiers soins des Nobles avait été de renouveler par acclamation « le serment « de demeurer inséparablement liés et unis pour « la défense de la Constitution et de la conserver, « sans céder à des ordres évidemment surpris, en « bons et loyaux sujets et serviteurs du Roi ; dé- « clarant sur la foi invariable de leur serment qu'ils « n'entreront jamais dans aucune administration « publique autre que celle des États formée et « réglée selon la constitution actuelle des règlements « de cette Assemblée, et qu'ils n'y coopéreront « jamais par leur présence, ni d'aucune autre ma- « nière[2]. » Sous de pareils auspices, les délibérations ne pouvaient être qu'une arène. En vain la Cour voulut les suspendre ; on méconnut ses ordres. En vain les représentants des communautés furent-ils renvoyés à demander de nouveaux mandats ; ces mandats confirmèrent les anciens. Le Parlement, déjà suspect, se vit enveloppé dans l'impopularité de la Noblesse. On lui reprocha de vouloir maintenir à tout prix cette antique Constitution de la Province, dont la défense venait de faire sa gloire ; ses efforts

[1] Du Chatellier, pp. 85, 91, 92 ; — Pitre-Chevalier, pp. 198, 201 ; — Mellinet, *la Commune et la Milice de Nantes,* t. VI, p. 6 ; — *Hist. de Rennes,* p. 422 ; etc.

[2] Ce premier acte, purement parlementaire, fut complété par une protestation imprimée de toute la Noblesse bretonne, portant que « tout gentilhomme qui consentirait à faire partie d'une assemblée délibérante où les Ordres ne seraient point séparés, quelque nom que l'on donnât à cette assemblée, serait regardé par le Corps entier de la Noblesse comme *déshonoré et traître à la patrie.* »

mêmes pour maintenir l'ordre tournèrent contre lui. Il brûla des libelles ; on brûla ses arrêts. La lutte descendit dans la rue, violente, acharnée, armée, sanglante. Les affidés et les suivants des Nobles, d'une part ; les fanatiques et la plèbe groupés derrière le Tiers, de l'autre, la poussèrent aux derniers excès. L'École de Droit, Moreau toujours à sa tête, y prit naturellement une part très vive, mais déjà confondue et comme noyée dans le reste de la jeunesse qu'elle suivait en la dirigeant.

Les Étudiants avaient, en outre, organisé dans leur Salle des espèces d'Etats au petit pied, où les membres du Tiers et les jeunes gens venaient délibérer avec eux, donner ou recevoir le mot d'ordre.

Une délibération fut ainsi prise le 18 janvier 1789, exposé de principes et appel à la jeunesse bretonne.

Il paraît toutefois qu'il y eut, entre eux, à ce moment critique, quelque désaccord ; les uns disposés à se soumettre aux injonctions du Parlement ; d'autres inclinés vers le parti de la Noblesse par leur naissance probablement, car le préjugé était également impérieux des deux côtés [1].

On redoutait pour le 27 janvier une collision terrible.

Le 26, un jeune homme de Rennes partait en toute hâte pour Nantes, auquel il appartenait par

[1] *Hist. de Rennes*, p. 426.

M. Jules d'Herbauges (Mlle de Saint-Aignan) a publié dans la *Revue de Bretagne et de Vendée*, t. XLVI et XLVII, sous le titre de *Paul de Servières* ou *les Derniers États de Bretagne*, une nouvelle historique intéressante et bien étudiée sur cet épisode de l'histoire de Rennes.

sa famille. Il s'appelait *Omnès ;* pour le récompenser du dévouement qu'il avait montré en sauvant deux voyageurs entraînés sous la glace avec leur voiture, Louis XVI lui avait fait remettre une médaille en or, avec cette inscription glorieuse : *Omnes Omnibus*, et il avait ainsi complété son nom. Il venait, au nom de ses camarades, demander du secours aux jeunes Nantais : « La patrie est en danger, leur disait-il dans une réunion à l'hôtel de la Bourse, tenue le 28 ; marchons pour la défendre ! » Et plusieurs centaines de jeunes gens l'avaient en effet suivi avec empressement [1].

Sur la route, ils rencontrèrent des députés des jeunes gens de Rennes et un envoyé de M. Thiard qui venaient leur annoncer le traité conclu et les engager à rétrograder. Mais ils préférèrent continuer leur chemin. Ils ne s'arrêtèrent même pas devant les représentations de l'Évêque de Nantes et du capitaine des Gardes du comte de Thiard chargé de ses ordres, qui leur prescrivaient de rétrograder, sous peine de désobéissance. Tout finit par s'arranger. Ils déposèrent leurs armes [2], et entrèrent dans Rennes, où on leur fit grand accueil.

[1] V. dans du Châtellier, Pitre-Chevalier, Mellinet, Pocquet, etc., tous les détails.

[2] Mellinet (p. 20) se trompe en supposant que les jeunes gens auraient refusé de confier leurs armes à d'autres qu'à des commissaires choisis par eux ; c'est le contraire qui est vrai.

Il n'est donc pas exact que ce soit l'attitude des jeunes gens de Nantes, « avec leurs longs pistolets d'arçon, leurs piques et leurs haches d'abordage », qui ait amené la capitulation de la Noblesse retranchée aux Cordeliers, comme le racontent d'autres historiens. Le traité de paix était conclu et arrêté avant leur arrivée.

Le 1er février, ils furent reçus solennellement par « MM. les Étudiants en Droit et jeunes citoyens de Rennes à eux réunis » dans la grande salle de l'École, et les délibérations commencèrent ou plutôt continuèrent avec le concours, non seulement des Nantais, mais des députés qui accoururent des diverses villes de la Province : véritable fédération de la jeunesse bretonne, où l'on trouve le germe de celle qui, l'année suivante, fut organisée avec tant de pompe à Pontivy [1]. !

Notre Registre renferme la minute originale des procès-verbaux de ces délibérations, mais comme elles furent publiées dans le temps [2], nous n'avons

[1] Le pacte d'union arrêté à Rennes entre tous les jeunes gens de la Province, afin de les lier plus étroitement d'intérêt et d'amitié pour la défense de la patrie et celle de la chose publique, était bien vague : serment d'amour, respect et fidélité au Monarque ; maintien des sentiments de paix ; promesse d'honneur de se réunir partout où il y aurait attaque contre le Tiers et de s'entre-défendre devant les tribunaux.

[2] *Procès-verbal et résultat des Délibérations prises par MM. les Étudiants en Droit, les jeunes citoyens de la ville de Rennes et la commune des jeunes Citoyens;* avec cet entête : *Extrait des Registres du droit,* et cette épigraphe :

> *Divus amor patriæ, quid non juvenilia cogis*
> *Pectora...*

Mai 1789.

Cet imprimé figure au *Catalogue de la Bibliothèque de Nantes,* sous le n° 48,800, mais la description en est incomplète : elle ne mentionne pas 12 p. de frontispice, Avis au public et Discours préliminaire. On lit dans ce *Discours* les lignes suivantes, très dignes d'attention si l'on considère l'époque où elles parurent (février 1789) :

« Nous distinguons le Souverain essentiel et unique, la Nation qui dicte les Lois, d'avec le Monarque qui les exécute : de là, la nécessité des Assemblées Nationales, leur périodicité; de là, les droits respectifs du Monarque et de la Nation. Tel est l'abrégé des principes que nos âmes neuves puisèrent dans la nature. Alors tout nous parut barbare dans notre Cons-

pas à les reproduire, malgré l'intérêt qu'elles présentent. Il est vrai de dire, d'ailleurs, que l'Association des Étudiants en Droit n'y figure plus que pour une part secondaire, noyée qu'elle est dans le courant de la jeunesse de Rennes, et celle-ci dans le courant de la jeunesse — à laquelle se mêlaient bien des têtes grises — de toute la Bretagne.

On doit noter toutefois l'accueil chaleureux fait dans la séance du 4 février, à la communication de Me Codet, avocat au Parlement et agrégé des Facultés des Droits, venant annoncer que la Faculté avait, par une délibération spéciale, déclaré prendre fait et cause pour ses élèves et pour les autres jeunes gens compromis dans les échauffourées précédentes. L'Assemblée avait déjà protesté contre l'évocation des poursuites à ce sujet par le Parlement « dont on doit craindre la partialité, disait-elle, puisqu'il est juge et partie comme noble et comme ayant pris part aux événements des 26 et 27. » Quel lendemain des ovations dont il était récemment l'objet !

Voici dans quel ordre se succédèrent ou plutôt parvinrent les adhésions à l'Assemblée centrale :

Guérande,
Guingamp,
Saint-Malo et Saint-Servan,

titution ; tout y contrariait le vœu de la Raison. Nous n'y vîmes qu'un tissu d'absurdités choquantes, qui sont presque toutes des conséquences nécessaires du partage bizarre des Citoyens en trois classes. Alors nous sentîmes le besoin d'une réforme, d'une régénération totale... »

Le *Procès-verbal* imprimé est conforme à notre original, sauf quelques légères modifications.

Lorient,
Châteaubriant.

Les deux délégués étaient Meaulle et de Fermon. Celui-ci portait la parole. Son discours ne manquait pas d'originalité ; on croirait entendre un habitant des bords du Danube :

« ... Nous sommes en petit nombre ; mais, habitants des forêts, familiarisés aux exercices les plus pénibles, nos corps sont endurcis à pouvoir braver les injures du temps et soutenir toute espèce de fatigue.

« Les animaux les plus féroces succombent sous nos coups. Nous forçons à la course les plus vites et les plus légers ; les plus rusés même ne peuvent échapper à notre vigilance.

« ... Ces vertus mêmes sont un peu farouches ; puissent-elles ne jamais servir à la destruction des Bretons ! »

Paimbœuf,
Dol,
Lannion,
Vitré,
Dinan,
Le Croisic,
Auray,
Paimpol,
Saint-Brieuc.

Des villes étrangères à la province, Poitiers et Angers, suivirent ce mouvement, et, dans cette dernière ville, « les mères, sœurs, épouses et amantes » des jeunes gens se joignirent à eux [1].

Les délibérations se prolongèrent jusqu'au 5 février. Des députations partirent de Rennes pour aller remercier les principales villes qui avaient envoyé des délégués, et fraterniser avec elles. L'accueil fait à ces députés fut en général très chaud.

La rentrée des jeunes Nantais dans leur ville, accompagnés des députés de Rennes et de Saint-Malo[1], fut une ovation splendide[2]. Le Parlement eut beau décréter d'arrestation *Omnes-Omnibus*, ordonner la lacération des Arrêtés pris par les jeunes gens et du Journal de route des Nantais, on siffla sa décision impuissante ; on tourna en ridicule son autorité qui ne pouvait plus protéger personne, ni le protéger lui-même.

Mais, le croirait-on ? il se trouva des patriotes nantais, plus difficiles que les autres citoyens bretons, qui trouvèrent à redire au pacte d'union et y demandèrent des modifications. Les choses s'aigrirent à ce point, qu'une nouvelle députation composée de Dorvo et Ponsard, tous deux appartenant à l'École de Droit, dut partir de Rennes pour aller négocier un rapprochement entre les mandataires nantais et leurs commettants, et obtenir une adhésion aux termes du fameux pacte. (Délibération du 5 février [3].)

[1] Du Chatellier, p. 106.

[2] Mellinet, p. 21, 35.

[3] Les termes en sont singulièrement modérés, à côté de ce que nous avons vu jusqu'ici :

« La crainte d'offenser le Gouvernement est d'autant moins fondée, que

Cette délibération vote en outre une somme de 2.000 #, pour faire face, tant à la pension de la veuve Le Boucher, mère d'un jeune homme tué dans l'émeute du 27, « qu'aux frais d'impression », laquelle « est supportable par les villes de la Province, proportionnellement à leurs Facultés. »

Elle est signée en tête par MOREAU, *prévôt*, et par Raoul, *lieutenant-prévôt et greffier de cet ordre*.

Avec elle se termine notre Registre, ou du moins les fragments qui en restent. Le rôle et l'histoire de l'Association étaient déjà finis.

On voit figurer au nombre des membres du Bureau de Correspondance avec les Députés bretons du Tiers, Moreau, Prévôt de l'École de Droit, et Toullier, qui l'avait été avant lui. L'École n'y a pas d'autres représentants.

Au mois de juillet suivant, la retraite de Necker ayant donné lieu, dans beaucoup de villes et notamment à Rennes, à des manifestations pour le rappel de ce ministre, dans lequel on voyait le sauveur du pays, une réunion se tint à l'Ecole de Droit. Moreau y figure encore comme Prévôt et comme membre de la Correspondance. Les soldats prêtèrent serment « de ne jamais exécuter les ordres qu'ils pourraient recevoir d'agir contre leurs frères. » Parmi les promoteurs de ce mouvement, figure Louis-Jo-

le pacte d'union, interprété tel qu'il doit l'être, n'est nullement séditieux, que la publicité de ce projet ne permet pas de penser qu'il n'en a pas une connaissance parfaite, et que son silence est un signe sensible et non équivoque de son approbation tacite. »

seph-Anne-Marie du Plessis Mauron de Grénédan, conseiller au Parlement, si connu, plus tard, dans les Chambres de la Restauration, par l'exaltation de ses opinions monarchistes et contre-révolutionnaires [1].

Quant au Parlement de Rennes, qui s'était signalé entre tous par son opposition à la Cour et qui avait contribué si puissamment, sans en avoir conscience, il est vrai, à l'avènement de la Révolution, il devait être le premier frappé par elle. Sa Chambre des Vacations ayant refusé la transcription de quelques-uns des Décrets, fut citée à la barre de l'Assemblée Constituante. Mirabeau intervint inutilement en sa faveur ; les avocats bretons, naguère les instigateurs et les complices de ses résistances, Le Chapelier, de Fermon, Lanjuinais l'emportèrent. Elle fut blâmée, suspendue de ses fonctions, et bientôt remplacée par une Cour Supérieure provisoire [2]. Les Parlements ne furent supprimés en masse que par la loi du 11 septembre 1790.

[1] 16 juillet. — *Assemblée municipale tenue ledit jour, — convoquée par le Hérault aux fins d'ordre de M. Tréhu de Monthierry, maire, où étaient présents....* (Rennes, Ve Vatar et Bruté de Rémur, 1789, in-8° de 37 p.)

Le Croirez-vous ? — Précis historique de ce qui s'est passé à Rennes, depuis le 15 juillet 1789 jusqu'au (22), par un Avocat-Citoyen (23 p. in-8°, s. l. n. d. n. n.)

Nouvelles de Bretagne, in-8° de 14 p., 1789.

[2] La Cour Supérieure provisoire créée par lettres patentes de Louis XVI du 5 février 1790, fut installée le jeudi 18 du même mois et siégea jusqu'au 15 octobre de la même année. Elle était composée d'un Président (M. de Talhouet Boisorhant, président au Parlement, qui fut maire de Rennes en 1791 et jusqu'à la fin de 1792) et 18 juges (8 membres des Présidiaux de Bretagne et 10 avocats pris dans les barreaux de la Province.) Les fonctions du Ministère public étaient remplies par deux substituts du Procureur général.

VI

On nous pardonnera de joindre à cette notice sur le Registre de l'Association des Étudiants en Droit de Rennes et sur l'Association elle-même, une pièce qui ne s'y rattache que d'une façon bien détournée, mais qui rapproche du nom de Toullier, le glorieux doyen de l'École de Rennes, celui de Carré, son collègue comme professeur, son rival comme écrivain, son second comme illustration de cette École [1].

La signature de Carré ne figure pas sur notre Registre, bien qu'il eût, selon toute apparence, fait son droit à l'École de Rennes ; mais postérieurement aux événements ci-dessus.

Mais nous le trouvons, en l'an III, capitaine de la Compagnie des Jeunes Républicains de Rennes, qu'avaient formée les Conventionnels Dubois-Crancé et Alquier, et qui, si elle se composait surtout de jeunes gens de seize à dix-huit ans, en comptait aussi dans ses rangs de beaucoup plus âgés.

[1] Carré (Guillaume-Louis-Julien) ; né à Rennes, le 21 octobre 1777 ; — professeur à l'Ecole de droit de cette ville, 1806 ; — auteur d'un grand nombre d'ouvrages, dont le principal : *Les Lois de la procédure civile*, obtint un immense succès ; — mort à Rennes, le 14 mars 1832. (*Biographie bretonne*, art. de M. Burnel ; — *Biographie Hoefer*, art. d'Isambert; — etc.)

Comme capitaine, il rédige et signe, avec un nommé Boullemer, au nom de la Compagnie, une déclaration portant que les frères Guillaume, qui en faisaient partie et qui viennent de passer aux Chouans, « ont perdu son estime et ne rentreront jamais dans son sein ; qu'ils partagent la haine qu'un bon républicain porte à tout ennemi de son pays. » Une proclamation des Conventionnels Guermeur, Guezno et Corbel, du 8 floréal, an III, approuve cette déclaration [1].

Le 11 floréal, Carré demande pour sa Compagnie 50 fusils courts et légers, sur les 150 qui restent à la municipalité de Rennes, après l'armement des gardes territoriales. « Ils seront en des mains sûres et ne seront délivrés que sur les reçus des parents... En s'exerçant à être de bons défenseurs de la patrie, ils n'ont jamais négligé les autres talents nécessaires, et quant à leurs principes, citoyens, ils ont mérité votre approbation... »

Une autre Adresse de ces jeunes gens, désireux de s'unir, par un serment, « pour surveiller et déjouer les complots de ceux qui conspirent contre la tranquillité publique, » leur valut une nouvelle approbation des Représentants, qui leur défendirent toutefois « de tenir aucune assemblée illicite ni illégale, ni d'exercer aucune sorte de police, » et saisirent l'occasion de leur rappeler « les vertus et le courage » de leurs prédécesseurs « aux journées mémorables des 26 et 27 janvier 1789 [2]. »

[1] Rennes, Robiquet ; placard in-fol.

[2] *Archives de Kernuz*, pièces communiquées par M. du Châtellier.

Au même moment (10 floréal, an III), une autre pétition, qui semble inspirée par les mêmes sentiments, était adressée aux mêmes Représentants par la jeunesse de Rennes :

« Citoyens Représentants,

« Les jeunes gens ont commencé la Révolution. Il est temps qu'ils se montrent encore, qu'ils anéantissent cette horde de malfaiteurs qui a ensanglanté leur ouvrage.

« Cette Montagne ou plutôt ce volcan qui avait vomi ensemble tous les crimes et tous les malheurs sur notre patrie est renversé; mais les débris n'en sont pas encore assez dispersés. Nous ne voulons point leur rendre, aux vils scélérats qui nous ont opprimés, les maux qu'ils nous ont faits; les honnêtes gens, même pour se venger, ne deviennent point des bourreaux. Ils sont vaincus, les lâches, si l'œil de la surveillance les éclaire sans cesse ; ils sont vaincus, s'ils voient toujours le bras de la justice prêt à réprimer leurs complots.

« Nous demandons, Représentants, que, pour le maintien de l'ordre, pour la sûreté de nos concitoyens, pour rendre nuls tous les efforts que les terroristes font encore dans leurs assemblées nocturnes, pour éteindre l'espérance cruelle qu'ils conservent de rétablir leur tyrannie en la cimentant de notre sang, en l'élevant sur nos cadavres, nous vous demandons qu'il nous soit permis de nous réunir pour surveiller sans cesse les ennemis de l'humanité, du repos public, et porter la confiance dans l'âme de nos concitoyens, en leur disant : « Nous sommes entre « vous et les méchants; nous sommes pour eux une barrière insurmontable qu'ils ne franchiront jamais pour « aller jusqu'à vous. »

« Soumis aux autorités constituées que nous respectons,

nous ne voulons qu'être les premiers à les avertir des dangers qui nous menaceraient au besoin.

« Nos bras seront désarmés ; seulement, nous nous réservons le droit que donne la nature de repousser la violence par la force, d'opposer le courage à la fureur.

« Pour nous servir de leurs expressions, nous mettrons aussi la Terreur à l'ordre de chaque jour, mais seulement contre le crime, et ceux-là mêmes qui nous ont tant fait souffrir, dont les forfaits, inouïs jusqu'à nos jours, seront encore invraisemblables pour les siècles qui nous suivront, ceux-là mêmes, s'ils se repentent, n'auront rien à craindre de nous. »

Parmi les signataires, au nombre de 150 environ, dont beaucoup, sans doute, avaient appartenu à l'Ecole de droit de Rennes, nous lisons les noms de d'Herbouville, Hervé, Desfeux, Leguay, Allix, Berthelot-Bunelaye, capitaine de la 3e compagnie, Boullet, inspecteur des vivres, Ballais, Crozet, L. M. D. Le Pan, Bongérard, Berthois, etc.

Les Représentants Grenot, Guezno et Guermeur répondirent par une Proclamation, imprimée à 1.500 exemplaires, dans laquelle ils applaudissaient aux sentiments des signataires et les engageaient à rester fidèles à l'exemple donné par les jeunes gens de Rennes aux jours de Janvier 1789 et de Pontivy. « Ils les encourageaient à persister dans leurs résolutions généreuses et à s'unir pour, de concert avec tous les bons citoyens, surveiller et déjouer les complots de ceux qui conspirent contre la tranquillité publique; » mais ils leur défendaient en même temps de tenir aucune assemblée illégale, d'exercer aucune police, d'exercer aucune voie de fait. Ils devaient vaquer au service ordinaire de la garde nationale et à toutes leurs fonctions, comme les autres citoyens.

Conseils bien différents de ceux qui, peu d'années auparavant, et sous les mêmes plumes peut-être, poussaient la jeunesse bretonne aux revendications violentes !

L. DE LA SICOTIÈRE.

Nantes. — Imp. Vincent Forest et Emile Grimaud, place du Commerce, 4.

www.ingramcontent.com/pod-product-compliance
Ingram Content Group UK Ltd.
Pitfield, Milton Keynes, MK11 3LW, UK
UKHW020406230726
13925UKWH00003B/1282

9 782014 433616